U0907466

教育部人文社会科学研究西部和边疆地区项目
（项目批准号：14XJC870001）成果

国民政府时期四川户政文献研究

1935—1949

黄小忠 著

江苏大学出版社
JIANGSU UNIVERSITY PRESS
镇江

图书在版编目(CIP)数据

国民政府时期四川户政文献研究:1935—1949/黄小忠著. —镇江: 江苏大学出版社,2020.9
ISBN 978-7-5684-1409-8

Ⅰ. ①国… Ⅱ. ①黄… Ⅲ. ①户籍-管理-文献-研究-四川-1935-1949 Ⅳ. ①D693.65

中国版本图书馆 CIP 数据核字(2020)第 155706 号

国民政府时期四川户政文献研究:1935—1949
Guomin Zhengfu Shiqi Sichuan Huzheng Wenxian Yanjiu:1935—1949

著　　者/黄小忠
责任编辑/吴小娟
出版发行/江苏大学出版社
地　　址/江苏省镇江市梦溪园巷 30 号(邮编: 212003)
电　　话/0511-84446464(传真)
网　　址/http://press. ujs. edu. cn
排　　版/镇江文苑制版印刷有限责任公司
印　　刷/江苏凤凰数码印务有限公司
开　　本/890 mm×1 240 mm　1/32
印　　张/6
字　　数/180 千字
版　　次/2020 年 9 月第 1 版　2020 年 9 月第 1 次印刷
书　　号/ISBN 978-7-5684-1409-8
定　　价/45.00 元

如有印装质量问题请与本社营销部联系(电话: 0511-84440882)

目　录

绪　言_ 001

上篇　文献概况及现存情况

第一章　国民政府时期四川户政档案文献

一、档案文献实存状况_ 021

二、户政档案文献的稿本_ 028

三、相关文书制度_ 030

四、户政档案文献的行文用语_ 033

五、户政档案文献的两个主要来源_ 034

六、户政档案文献的价值与局限_ 038

第二章　国民政府时期四川户政期刊文献

一、全国性户政专门刊物——《户政导报》_ 043

二、《县政》的特点及基本内容_ 048

三、四川境内统计类刊物述略_ 051

第三章　户政文献的产生与时代语境

一、防区制下的四川户政_ 053

二、户政与保甲的严密结合_ 057

三、四川户政的"现代化"进程_ 064

下篇　文献视角下四川户政的实践与演进

第四章　“户政寓于保甲”——以保甲为依托的户口编查

一、保甲与户政关系之探讨_ 073

二、两次四川保甲户口编查_ 076

三、保甲长群体的记述_ 089

四、成都、重庆两市的警察户口清查_ 099

第五章　四川选县户口普查——四川户政转型的典型

一、往期户口普查的简单回顾_ 109

二、时人对于进行四川选县户口普查的基本态度_ 113

三、选县户口普查实施的相关记载_ 119

四、选县户口普查热点问题的讨论_ 131

第六章　“现代化”进程下四川户政的命运轨迹

一、户政管理机构的变迁_ 144

二、户政部门工作人员的训练_ 159

三、“现代化”时期四川户政业务的推进_ 165

第七章　文献特点及史料价值

一、文献特点_ 172

二、史料价值_ 179

参考文献_ 183

绪　言

一

中国是世界上历史最为久远的文明古国之一，亦是世界上最早开展户政活动的国家之一。根据文献记载，我国的户政活动可向上追溯到夏禹时期，《后汉书·郡国志》注引皇甫谧《帝王世纪》有“民口千三百五十五万三千九百二十三人”的记录。据《周礼·秋官·司民》所述，周朝设有司民官，掌登万民之数。历次朝代的更迭，也都伴随着人口查记的开展和户籍制度的更新。而在近代国家管理中，举凡征役、治安诸大政，更是无不以人口调查和户籍活动的实施结果为依据。鉴于此，历代统治者都极为重视户政的开展，将其作为一种重要的统治工具，希望借此达到国家的长治久安。至清末新政时期，清政府开始效仿西方政治制度，推行新式户籍制度。

国民政府时期，政治动荡，国民政府处于内外交困的形势中。特别是1937年卢沟桥事变之后，对外要面对日本帝国主义的强大军事压力，对内则面临战争所带来的巨大经济损失。战争爆发引起的紧迫性社会动员需求，使得户政的管理问题对于当政者来说就显得尤为重要，也作为政府行政活动中心工作之一得以展开。蒋介石曾言，“如果一个地方，连户口也不能调查确实，其他一切自治行政、民众组织、政治建设等事，都不会办很好"[1]。另一方面，不断地面对经济和政治形势的重重压力，其户政系统在压力中逐渐被改进，表现为：机构设置逐步完善，实施人员得以补充，法律法规制定得到修正等。一如民国政治经济制度、社会生活、学术文化等诸多方面都出现的巨大变化，以国民政府时期为中心，将中国户政历史进行阶段性区分，以此为分水岭，中国户政变化最大、最剧，因此，国民政府时期可说是中国户政的一个转型时期。这一时期的户政与以往任何时候相比都更有特色。各种因素的合力作用成就了这一时期户政文献的繁富。

四川省在国民政府时期特别是在抗战以后，曾一度成为全国政治的重心，这一情况在地方性户政的更迭革新上得到了充分的反映。四川省是当时全国选县人口普查重要试点地区，有丰富的户籍行政资源。在筹备策划、法规制定、人员训练等诸多方面领先于全国其他省份，这使得这一时期四川省户政文献较之其他地区更加丰富多彩。本书对国民政府时期的四川省户政文献进行了系统的考察，试图对民国四川省户籍行政活动中产生的文献进行一个多角度的梳理与解析，并希望从这一角度辐射出国民政府时期四川省户政的基本面貌。

诚然，目前无论是在近代区域史还是地方史研究中，户政还处于一个较为边缘的位置，在学术著作、学位论文中也少有涉及。而四川省户政文献研究这样的选题，更是偏处一隅，在史学界较少引起关注。但是，户政活动作为国民政府时期行政中心工作之一，涉及兵役、税负、民生等诸多方面，与当时政治、经济的发展休戚相关，且其发展过程与保甲、地方自治关系微妙，并

---

① 叶楷：《户口普查与四川省选县户口普查》，《县政》，1942 年第 6 期，第 10 页。

在国民政府的基层控制中发挥着重要的作用。《川康户政的督导会议补充报告》中有这么一段话：

以行政学而言，户政是一种助长行政，以地方自治开始实行法而言，为地方自治事务。但根据建国大纲第十七条之规定，凡有全国一致性之事务则为国家行政事务，户政是有全国一致性的，所以也是一种国家行政事务。因此，户政既是地方自治事务，同时也是国家行政事务，实具有双层的资格。①

抛开作者在特定历史时期的意识形态，足见时人对户政于经略国家行政和地方自治重要性的认识。这样来看，户政的确是一个值得研究的问题。

历史学是一门实证学科，以确定客观实在为首要目的，而研究客观实在又离不开对文献本身的考察。从文献学的角度来看，研究国民政府时期四川省户政文献本身，是对国民政府时期20多年里四川省户政发生发展之经过进行系统考察和梳理的过程。户政活动所产生的大量细致、具体、生动的宏观、微观材料，有利于剖析民国户政的方方面面，其重要性毋庸置疑。从文献的角度检讨民国户政，也便于从某一特殊类型文献的角度分析民国时期户政活动的内容和特点，对于我们从理论上反思和审视既有研究成果、增进我们对民国户政活动在多层面上的认识有重要的参考价值。进一步讲，如果我们不了解不同来源户政文献的表现，势必影响我们对它们在户政诸多相关领域的影响的判断，就很难说对民国户政及相关问题有很深入的研究。此外，细致梳理户政

① 包惠僧：《川康户政督导会议补充报告》，《户政导报》，1945年第1期，第154页。

活动中直接或间接产生的各种文件材料，以及民国政府官员、学者对于当时户政活动的研究和诠释，可以从一个层面加深我们对民国社会、经济、文化的认识，对于文献学、近代区域史及地方史研究等方面的发展皆有一定助益。

二

户政，即户籍行政，是当政者施政的重要参考依据，通过各级权力机构对其所辖户口进行查记、呈报，并按照一定的标准进行分类、划等以确定人民属地身份，掌握人口职业、身份、素质等基本信息，了解人口迁徙、人户增减等异动状态，以此作为征调税役、分配资源的基础。户政是一项涉及政治、经济、军事、文化、法律的综合性社会管理活动。本书所研究之对象，是国民政府时期四川省在户籍行政活动过程中形成的直接、间接材料。既有历史事实的直接记录，也有官员、学者们的议论阐述；既有基层活动的零星片段，也有官方归纳性材料，其内容十分驳杂。由于时间和精力及笔者水平有限，因此本书对于户政文献的考察虽是多方位的，但不是全方位的。本书以来源为原则，将所考察的户政文献主要集中在两大类上。一是在户政活动中直接产生的具有原始记录作用的固化信息，主要包括令、训令、指令、呈、咨、公函等文书材料，以及文稿、书信、诉状、笔记等片段记录，在本书中统一称为档案文献。二是期刊类文献。国民政府时期，四川省境内并未出现讨论户政问题的专门刊物，时人对于户政、人口问题的讨论多分散于民政、统计类刊物中，其内容涉及大量前贤对于户政活动进行系统认知后的成果，以及户政开展过程中的事务性、过程性描述。

选择档案、期刊两类文献作为考察户政的主要对象，笔者有以下两个方面的考虑。

其一，就其本质而言，户政是一个国家运作中重要的行政活动。既为行政活动，实施期间必然产生大量的行政性公文及相关文件材料，且数量远胜于其他类别的文献，其中绝大多数终会转化为档案加以保存。就其来源而言，这些档案文献与使其形成的户政实践活动距离最近、最为直接，其可靠性相较其他文献更为突出，有很高的研究价值。而期刊文献虽然在数量、时效及直接性上不及档案文献，却也与当时的户政活动在同一时期产生，是记录当时政府官员和关心国是的学者对于户籍行政效果的判断和户政举措的探讨，包含了大量有用的信息。研究这两类文献不仅可以帮助我们全面了解国民政府时期四川省户政的具体实施情况，同时也能更直观地反映当时政府官员和民间学者对于户政的态度和观念。笔者尚未发现当时以户政为研究对象的专门著作，即便有所涉及也多为培训手册、法规汇编。事实上，这些材料、制度、规章多能在档案中找到，而从形成时间上来看，它们的发布最早还是通过公文附件的形式存在，尔后转化为档案得以保存至今。

其二，历史研究者历来对史料的真实性、可靠性极为重视，诚如梁启超所言，“史料为史之组织细胞，史料不具或不确，则无复史可言”[①]。在治学过程中，研究者一般会恪守“有一份史料说一句话”的原则，并习惯性地将史料划分为“一手材料”“二手材料”。虽然划分标准未必统一，却通常将档案、期刊史料划入“一手材料”加以重点使用。研究历史上的经济问题如此，政治问题如此，教育问题如此，户政问题亦复如此。据笔者观察，在已有的关于国民政府时期户政问题的研究成果中，档案、期刊文献有极高的引用频率，且两者引用频次大多占据引用

① 梁启超：《中国历史研究法》，北京：东方出版社，1996年，第157页。

总频次的半数以上。

另外，本书将档案与期刊两类文献作为研究的主要对象，而对著作、报纸等其他文献涉及有限。一是由于笔者的主要研究方向为档案文献及图书馆文献资源建设，笔者希望学以致用，以所学到的档案文献学、图书馆学知识应用到研究某一领域的档案、期刊的具体活动，并透视所刊载的具体问题。二是除档案、期刊外的其他文献对于国民政府时期四川户政的记载不多。笔者尚未发现当时以户政为对象的专门著作，相关内容散布于培训手册、法规汇编等材料之中。而在报纸方面，以当时成都发行量最大的报纸之一《新新新闻》为例，刊载有关户政的内容也仅为人口数据，且数量极少。

需要说明的是，对于“档案”的概念，档案学界已有共识，但在历史学界还未有相关的探讨。所以，对于户政档案类文献的界定，笔者还颇费踌躇。国民政府时期四川省户政文献中的大量材料是直接产生于户政活动之中，并被保存下来，小到鸡毛蒜皮，大到政策方针，内容繁杂。由于本书所考察内容在学界尚未有见，从而无观点上纠正、商榷的探讨机会。因此，笔者借鉴档案学理论，将户政活动中直接形成的具有原始记录作用的固化信息均冠以“档案文献”。然而，这一做法却是以牺牲各种“公文”或“私人”等类别材料的独立性为代价的。具体到内容上，国民政府时期四川省户政档案文献以公文为主体。具体来说，有下行文，如：命令、训令、指令、布告、批；有上行文，如：呈、报告；有平行文，如：函、通知。实际使用的还有代电、手谕、便函等。值得注意的是，民国户政多是沿袭清末而来，户政管理与警察户口清查一度混淆不清。户政司成立后，警察机关办理的户政业务才逐渐移交民政机关办理。因此，户政档案文献部分的产生还存在两个源头，对此，本书在第一章节做有相应的考察。

国民政府时期四川户政文献从实际来看数量颇丰，却也很分散，可以挖掘的潜力很大，尤其是档案文献，须深入各地档案馆收集。笔者在文献资料收集阶段，先后到过四川省档案馆、成都市档案馆、重庆市档案馆、新津档案馆、双流档案馆、巴南区档案馆、江津档案馆、四川省图书馆、四川大学图书馆等，发现有不少档案、期刊文献记录了国民政府时期的四川户政情况。具体来说，本书所收集的文献资料主要有以下三个方面。

（1）档案文献。国民政府时期四川省户政活动过程中产生的档案和期刊是本书研究的直接对象，故而无疑是最为重要的资料来源。就档案史料而言，其最大的优点在于，它是由开展户政活动所产生的公文直接转化而来，是历史活动的原始记录，直接脱胎于历史活动之中，所记叙的内容在许多方面是相当真实可靠的，记录不实或表达不明之处远少于其他文献。本书涉及的档案文献主要来自四川省档案馆、成都市档案馆、重庆市档案馆、新津档案馆、双流档案馆、巴南区档案馆、江津档案馆、中国第二历史档案馆等。其中，出于地域优势的考量，四川省档案馆、成都市档案馆及重庆市档案馆所藏户政档案文献馆藏成为本书档案文献收集的重点。主要有四川省档案馆馆藏民国档案中涉及民政厅、警察局、省政府等全宗的相关档案；成都市档案馆省会警察局、市政府的相关档案，以及重庆市档案馆馆藏中关于警察局、市政府、民政局的部分。此外，中国第二历史档案馆中存在少量关于四川户政的内容，虽在内容上与前面几处馆藏有所重复，但仍在本书的关注之内。

（2）期刊文献。以期刊文献的情况来看，笔者所收集的国民政府时期户政期刊文献的纸质版本主要来自四川省图书馆、成都市图书馆、重庆市图书馆及四川大学图书馆等。部分文献由于时代久远，有残缺不全的情况，因此，笔者通过与其他大学图书馆进行馆际互借、文献传递尽可能地进行弥补。另外，笔者还大量查询民国时期文献全文数据库的原件电子扫描件，如：民国时期期刊全文数据库（1911—1949）、大成老旧刊全文数据库、四川大学图书馆本地超星数据库等。国民政府时期，以户政为主题的专门期刊极少，较为突出的是内政部主办的《户政导报》，但其中涉及四川户政的内容确实不多，故本书所收集的对象多集中在刊载户政内容较多的民政、人口统计类期刊上。首先便是当时四川省内所办的几种刊物，如：《县政》《北碚月刊》《四川月报》《四川统计月刊》等。由于政治动荡、战乱频繁等因素导致多数期刊停刊，因此，笔者收集到的较为系统的期刊文献多为20 世纪三四十年代。

（3）其他资料。如：公安部编《清至民初户籍法》，以及截至目前学者对于四川户政及相关问题的研究成果。学者的相关研究成果包含两个层面的著作：一是 20 世纪三四十年代部分官员和学者的“当代性”研究成果，如闻钧天的《中国保甲制度》；二是 80 年代之后我国史学界所做的“历史性”研究成果，如李世平、程贤敏的《近代四川人口》等。这些都为本书进一步研究户政文献提供了重要参考。

从整体、系统的研究策略来看，对于国民政府时期四川省户政文献的考察应该与国民政府所存在的 20 多年时间同步，即研究对象所涵盖的时间范围应贯穿 1927—1949 年始终。然而，那一时期四川省政治自成格局，不同时间段里的社会、经济状况不尽相同，受此影响，不同时期文献的实存状况也是千差万别。1935 年川政统一之前，四川省的情况极为特殊，政治分裂，防区林立，各路军阀长期混战，使得正常的政治建设推进异常艰难，户政相关活动的开展亦是举步维艰、混乱不堪，导致当时户政材料的残缺、匮乏，以严肃文字留存下来的文献材料更是乏善可陈。以档案文献为例，从其实存情况来看，四川省各级档案馆及重庆市档案馆中涉及户政的档案文献也多产生于1935年之后。鉴于此，为避免文献支撑的缺失造成的各种认识上的弊端，本书将主要研究的时间起点确定在1935年川政统一之时，具体时间范围为1935—1949年。

1935年川政统一之后，结束了军阀割据的“防区制”，进入政治建设逐渐稳定的时期。无独有偶，这一时期与国民政府进行的行政改革和“行政效率运动”中的文书档案改革时间上大致吻合，文书档案工作的改良演进，从一定程度上为四川省户政活动留存大量翔实丰富的材料、文献创造了条件。此外，国民政府对于保甲的重视同样为四川省户政文献的发展助益不少。20世纪30年代，国民政府对苏区进行了大规模的军事“围剿”，却屡遭失败，在反省之后认为失败原因在于“专持军事，忽视民力，以致民众不能强调其自己力量”①。蒋介石明令各省政府举办保甲的令文中也提道：“欲绝匪之根株，仍宜由举办保甲，清查户口入手。”② 这一时期，户口调查的目的在于“防共反共”，保甲加强了国民党对基层政权的控制，户政寄于保甲之下，以保甲系统为依托得以发展，直接促使大量一手文献的产生。

1937年，国民政府西迁重庆，四川省成为民族复兴的根据地，在作战、征兵、税收、生产等方面的重要程度空前凸显。政治重心的战略性转移，使得四川省户政发展的进程并未因为战争

---

① 闻钧天：《中国保甲制度》，北京：商务印书馆，1933年，第525页。

② 李宗黄：《现行保甲制度》，北京：中华书局，1943年，第167页。

的爆发而中断，反而得到充分的延续。战后，四川省还是国民党政权在大陆维持到最后的省份之一。1942 年，时至国民政府成立户政司，四川省户政亦初具规模，在健全户政机构、训练户政人员、筹划户政经费、完善户政法规、推进户政业务上稳步发展，形成的文献材料较之以往更加系统完整。因此，将 1935 年川政统一后至 1949 年中华人民共和国成立前作为本书讨论四川省户政文献的时间范围，基本上能够反映国民政府时期四川省户政文献这一主题。

三

就目前学界的研究来看，凡涉及人口、户籍一类问题，多有以下两种研究倾向。其一，研究主要限于人口学著作中。包括人口数据统计、人口制度史、人口地理分布等的研究，而对于户籍行政事务的开展则很少涉及，有的仅是以史料佐证的形式散落于各章节之中。其中值得注意的有何炳棣的《1368—1953 年中国人口研究》，赵文林、谢淑君的《中国人口史》，葛剑雄的《中国人口史》等。这些专著都以全国人口为着眼点，多是分析人口数据，以及分析人口地理分布的原因和规律。此外，杨子慧的《中国历代人口统计资料研究》和乔晓春的《中国人口调查与人口普查历史研究》等，从人口统计数据的角度对人口的自然发展、分布规律及人口变化的系数进行了分析。其二，将户籍制度作为研究对象，从法制史的角度切入。其作者落笔于户籍制度的演化、户籍制度的特征，以及在历史发展过程中所表现出的地域性、等级性和社会治安功能。这方面的研究成果有姚秀兰的《论中国近代户政管理法律制度》、窦希铭的《民国初年户籍制度变迁研究——行政立法的社会效应浅析》等。在这些著述中，民国户政问题诸如机构设置、人事管理、经费筹划仅仅散见于某一章节，有的根本就没有涉及。

直接以民国户政为题的研究目前来看不算多，但它也并不完全是一全新课题。从研究内容上看，主要存在两种类型，分别与“全国”和“地方”两个维度相关。前者从“全国”的大范围着眼，对民国时期户政活动进行检讨，内容涉及户政系统设置、户籍制度建设、户政法规整理、户政业务推进等。比较有代表性的著述如邓正兵的《略论民国户政》；后者结合当时不同地域的种种具体案例，从更为基层的角度对民国户政活动做出反应，并注意两个维度之间的相互联系和影响。值得注意的研究成果如沈成飞的《试论抗战时期广东国统区户政之推进——兼论其对国民党保甲制推行的影响》。在这一层面，学位论文亦占据不少的比例，浙江大学杨琼的硕士学位论文《国民政府时期浙江省户政研究》是其中比较优秀的作品。该文以抗战为线索，分战前、战时、战后三个时期对国民政府时期浙江省户政的开展进行分述。重要的是结合了具体案例对户政实施情况进行透视，并总结了国民政府时期浙江户政工作的得失。

值得注意的是，保甲制度作为民国时期中国社会基层组织管理的重要手段，其内容与户政活动多有重合交叉之处，在20世纪30年代，保甲制度一度成为户政之依托，是户政研究的重要组成部分。国民政府对于保甲制度十分重视，这一状况亦反映到当时的学术领域，使得保甲制度问题的研究在民国时期便成为热点。相关的研究有闻天钧的《中国保甲制度》、西北研究社编的《保甲制度研究》、李宗黄的《现行保甲制度》等。20世纪80年代后，有不少论述陆续产生。在民国时期保甲制度问题的研究上，冉绵惠做了开拓性的工作，她的《民国时期保甲制度研究》以丰富的史料、独特的视野，通过对保甲制度在民国时期全国的复兴及推行的介绍，总结了不同阶段保甲的职能、程序和特点，同时采用案例分析的方式，对四川、重庆两地保甲制度的具体状况进行了较为详细的叙述。其著作虽在主题上没有直接讨论户政的问题，但对编查保甲中涉及户政机制、程序的研究，为本书展开国民政府时期四川省户政文献的探讨提供了帮助。

具体到本书的主题来说，以国民政府时期四川省户政文献为题的研究尚未发现。学者关于民国时期四川省户籍、人口、户政的研究中相关的有影响的成果如李世平的《四川人口》，以及李世平、程贤敏的《近代四川人口》等，多还是从制度、人口统计数据等某一侧面着眼，对本书启示甚大，同时也留下了不小的继续研究的空间。

四

本书的研究对象所处的时间段为民国时期，笔者将写作重点落脚于四川户政的文献上，因而，本书所呈现的撰写方法与通常所见的“近代史”“专门史”的研究方法略有不同，本书的重点在于对国民政府时期四川省户政文献的特点、价值进行归纳、分析，并对文献中所描述历史事件的解读和总结。

总体看来，文献分析法是本书运用较多的研究方法之一，即对大量档案、期刊文献进行阅读、分析。国民政府时期，四川省的户政活动产生了大量的档案、期刊文献，这是本书观点的支撑。只有在对大量档案、期刊文献进行研读分析的基础上，才能为本书的观点提供足够的论据。除运用了文献分析法外，本书还对国民政府时期四川省户政档案、期刊文献进行整理、分类，分析了户政文献的类别，总结不同时期四川户政活动的特点，采用点面结合的方法，从宏观环境和微观案例层面对四川户政文献进行讨论，因而归纳法贯穿于本文始终。再者，本书借鉴计量统计分析的方法，对文献主题内容情况进行分析，通过罗列数据将研究对象具体化，使读者对研究对象及范围有一个更为具体的了解。另外，比较法也是本书运用较多的研究方法。从严格意义上讲，除户政档案、期刊文献在本身属性上的差异外，本书在对户政文献的解读上并没有明显的类比或对比的形式，但在行文中运用大量的潜在比较：将户政档案文献的发展轨迹进行分期，是为了突出各个时期户政档案文献的不同特点；考察户政期刊文献中不同作者群的户政观点，是为了对比档案文献和期刊文献在对户籍行政活动记录方面的差异，等等。正是通过对户政文献及所载内容进行显性或隐性的分析、比较，本书的研究对象才得到了确实的诠释。此外，在研究方法上，除综合运用归纳、比较之法外，笔者还注意跨学科研究，引入档案学、图书馆学相关知识，使文献类型的划分及户政档案、期刊文献的分析更具有“现代化”的视界。当然，现代档案学、图书馆学相关理论和方法是否能在历史学的角度正确解读户政文献的构成及户政文献之间的各种关系，还有待于具体的分析研究，其间提法或有所不当，但希望能为户政问题的探讨提供些许参考。

本书希望把国民政府时期四川省户政文献放在一个更为广泛的背景下去看待，即其在社会、政治、文化的背景下的体现。如：国民政府时期的文书档案工作及相关制度对于四川省户政文献发展的推动；户政制度的完善、机构的设置对于户政文献存留状况的影响等，从时代语境这一角度看四川省户政文献的变迁发展。再有，本书在解读户政文献时，尝试对户政活动开展的部分历史事实做“实证”的描述，希望通过户政文献的研究对部分相关史实进行解读、重建，以期为进一步的宏观研究提供可资参照的素材。本书借助文献，将一些重要事件的过程做了比较详细的叙述，由于事件之间存在相互性关联，因此，对同一事件的描述在不同章节有不同侧重的重复，虽较烦琐，但将这些素材提炼出来，对我们更全面认识国民政府时期的四川户政相关问题还是有益的。

本书试图在选题立意、考察方式上有一定的新意。在选题立意上，户政是国民党政权征调税役、分配资源和维护统治的基础，是一项涉及政治、军事、经济的行政管理活动。虽已有研究从户政本身情况着眼，却忽视从文献角度对其进行考察，偶有涉及也多是将其用作史料佐证，迄今未见有针对性的专门研究成果。本书拟为弥补这一缺憾做些初步的尝试，通过对国民政府时期四川省户政文献的研究，透视户政活动与文献之间的联系。本书在考察方式方面的独特性是将考察重点集中于档案、期刊两类文献，将国民政府时期，特别是在川政统一后产生的户政档案文献和期刊文献分别视作相互区别却又紧密相关的两个立体系统。户政档案文献中存在大量的片段性零星记录，这些记录十分具体，直接反映了户政活动在基层执行的情况及民间的反应，其上所记载的时间、地点、人物、数字，甚至是只字片语，都是重要的历史细节。但是，它所包含的信息量十分有限，或仅记录历史事件的某一方面，或只反映某些琐碎的局部，难以展现历史活动的全貌。而期刊文献虽不免有政府官员夸张粉饰之词或是民间学者的一家之言，但较前者更为系统，更能从宏观上展现户政活动全貌。因此，需要将两者视作相互关联的立体系统，在此基础上注重两者所载内容的相互联系，自然对户政活动的解读更加确实、准确。

因为本书所涉内容在学界并不多见，所以本书在学术观点上亦无商榷、深化或反驳、颠覆的情况。笔者试图努力达成的目的，即在本书的撰写中属于创新的方面大约有以下几个部分：

（1）在目前对于民国时期户政相关问题的研究上，多侧重于宏观通论，尚未出现以户政文献为对象的专项研究。本书从文献学的角度出发，以档案、期刊文献为主要对象，对国民政府时期四川省户政文献的实存状况、体例形式、类型内容、价值特点进行了总结和分析。

（2）本书分三个时间段考察国民政府时期四川省户政文献的具体内容，归纳其特征，关注不同时期的户政文献的表现形式，使户政发展变迁的脉络得以凸显。

（3）本书在文献的定义、类型的划分、特征的归纳等方面运用现代档案学理论及图书馆学情报学的方法，对户政档案文献及期刊文献的属性特征进行剖析。当然，这种跨学科的研究模式是否能对户政文献进行正确解读，学科间的差异性会不会割裂各种户政文献之间的有机联系，还有待于具体分析研究。

此外，民国户政问题在学界虽不算全新课题，却非研究热点，目前形成的研究成果不多。以民国四川省户政为对象的研究更是稀少，以保甲制度、人口统计为视角的相关研究，存在对国民政府时期地方档案及期刊资料挖掘不够充分的情况，尤其是很多散布于市级、县级档案馆的档案史料根本未被纳入，以至对于国民政府时期四川户政内容的涉及或过于简单，或过于笼统。如：户政在基层是如何具体推进的，推行过程中会出现哪些问题，国民政府时期的首次全国人口普查达到何种程度等，实际均可找到相应的档案文献予以说明。因此，笔者希望通过对户政档案、期刊文献的进一步爬梳整理，从而使本书成为研究国民政府时期四川户政问题的指南，为研究四川户政问题的学者提供参考。

诚然，此一视角的研究未有前期系统性的成果可资参考，难度较大。本书所针对的文献，特别是档案文献又有多而杂的特点，笔者受能力及财力所限，实难穷尽。另外，笔者对户政档案、期刊文献的整理、解读可能存在不够深刻之处，在运用过程中可能出现以论代史的谬误。对于上述难点所带来的困难，笔者在撰写过程中虽尽力修正，但仍难做到尽善尽美，希望在以后各方面有所改善之时再做弥补。

上篇

文献概况及现存情况

第一章

国民政府时期四川户政档案文献

探究国民政府时期四川户政发展的历史轨迹，应该到其所产生的文献史料中去寻绎，到文献所记录的各种错综复杂、交相作用的历史变动中去发现。记载这一时期四川户政问题的档案就是一扇窗口。时至晚清，清政府开始推行新式户政，这时便已有较为规范的档案文献留存。而清末民初的政治鼎革，并未使户政活动留存下来的文献遭受到“焚书坑儒”式的苦厄，大量户政档案文献留存至今，这大抵与户政文献的重要性不无联系。即户籍行政的运作是一个连续的过程，是以部分续承前人的成果、经验为前提。档案文献虽脱出于“官方”，记录内容具有明显的阶级特征和政治色彩，却不失为民国时期户政文献的重要构成。因其记载了户政运行、发展，以及经验和教训，是当政者继续开展户政业务的重要参考。档案文献也多从实践层面展示了整个民国时期户政的发展状况，同样也见证了国民政府时期四川乃至全国户政的起伏变化和因革发展。

在川政统一之前，四川无论是地域所在还是政治格局，较全国来说都处在一个比较边缘的位置。防区林立、各路军阀长期混战的境况，使得四川省内的户政建设推进不畅，留存下来有价值的文献稀少且较为散乱。相对于同一时期其他地域“不断更新”的户政建设不免显得滞后。这一情况在川政统一之后得以改善。从目前国民政府时期四川户政文献分布情况来看，在四川省市两级档案馆、重庆市档案馆中，都存有数量可观的户政档案文献，形成时间多在 1935—1948 年。从实存状态来看，档案文献实体保存较好，破损情况不多，多数档案保留了诸如批示、签名、修改意见等重要信息，内容识别率较高。从档案所反映的内容上来看，这批档案内容丰富，类型繁杂，几乎涉及户政活动的各个方面。

国民政府时期四川户政档案文献由当时户政活动中直接产生的各类文件转化而来。作为当时户政文献的重要构成，户政档案文献有其特殊性。确切地说，户政档案文献的这一特殊性是在户政相关文件形成的过程中出现，并在文件转化为档案的过程中确定下来的。换言之，户政档案文献的特殊性源于档案文献所具有的一般属性，即档案的本质特性——原始性记录性。[①] 户政档案文献的原始性是指，经由户政活动产生的文件的责任者、记录者、办理者，都是文件内容所涉及的实践活动的当事人，直接或间接参与了具体户政业务的办理。从形成时间上看，文件形成于户政活动尚未办结之前。从形成位置上看，文件所形成的地点与户政活动发生的地点基本一致。即是说，这些文件形成、处理的过程，也就是在文件经办人、撰述人参与下户政活动发生发展的过程。[②]

户政档案文献的这种特殊性还体现在所载内容的体例、结构、术语等方面，较之其他文献有显著的区别。由于档案中的绝大多数是经由文件转化而来的，因此，户政档案文献在体例、结构、术语上同样也受到当时文书条例、规范的规约。从某种程度上说，这又与当时的文书工作及行政效率运动中的文书档案改革

---

① 冯惠玲，张辑哲：《档案学概论》，北京：中国人民大学出版社，2001 年，第 5 页。

② 对户政档案文献原始性记录性的说明受黄存勋、刘文杰、雷荣广撰著的《档案文献学》一书启发。参见：黄存勋，刘文杰，雷荣广：《档案文献学》，成都：四川大学出版社，1989 年，第 4 页。

联系了起来。正是由于户政档案文献的特殊地位及其在本质属性上与其他文献存在差异性，因此，在探讨户政档案文献的时候，对其实存状况、文本情况、常用文种、内容结构及产生来源等方面做进一步考察就是很有必要的。

一、档案文献实存状况

国民政府时期的四川户政，经过十余年的积累，存留至今的户政档案文献可以算得上是较为系统完整的了。关于当时四川户政的各种重大问题几乎都有相应档案文献予以说明。在国民政府十余年的统治下，政局的起伏变化、机构的因革发展并没有导致当时四川户政活动中形成的档案文献损毁或遗失，存留下来的档案在数量上依旧可观。有这样的境遇，以笔者看来，在户政档案文献较为完整留存至今的各种因素中，主因仍是户政的重要地位。时人指出："户政乃庶政之母"，"庶政未举，户政先行"，"政府必察知人民之实际情况，然后据以拟定施政方针，始能适应事实之需要"①。再有，四川省作为抗战大后方，其户政相关事务的处理有大量的优势资源。试举一例，在全国第一次选县人口普查中，四川省政府派民政厅第三科科长刘炳中赴重庆，参与制订《四川省选县户口普查办法纲要》，并选定"彭县、双流、崇宁三县先行办理"②。由于这次选县户口普查是四川省乃至全国第一次正式选县户口普查，因此，受到的关注甚多，"责任之重大亦可想而知，故只许成功，不许失败，倘或失败，以后欲求

---

① 张良珍：《如何办理户口查记》，《户政导报》，1945 年，第 33 页。

② 民政厅长胡次威在四川省选县户口普查省讲习会开幕式演讲词，《县政》，1942 年第 6 期。

全国之户口普查，固不可得”[①]。正是因为四川户政处于这样的关注与重视之下，所以户政档案文献才得以较为完整地保存下来。

除前述之条件外，国民政府时期行政机构的设置与运转比较规范，文书档案工作较之北洋军阀时期已取得长足进步，多少为户政档案文献的存留做出了贡献。主要表现在以下两个方面。第一，南京国民政府成立初，政府各部院陆续设立了档案机构，如总档案室、分档案室、档案处、掌卷室、管卷室等，专职档案机关的普遍设立使机关档案工作已从庶务、秘书工作中分离，成为一项专门性工作。从事档案管理的人员在机关中地位虽然不高，但已具有正式的公务编制。第二，各机关文书档案规章制度、相关著作较北洋政府时期更加丰富。1927—1942 年，国民政府相继公布《修正公文程式》《公文程式条例》《修正公文程式条例》等公文管理规章，再有诸如《县政府文书处理法》《县政府档案处理法》等较有影响力的专著亦先后问世。这使得文件向档案转化的各个环节，如登记、分类、编目、立卷等，基本上已做到有章可循，趋于规范化。上述因素虽未对户政业务活动施以直接的影响，却或多或少为户政档案文献的整理保管创造了一定的保障条件。

目前四川省内各级公共档案馆中所藏国民政府时期的户政档案文献，是从旧政权机关直接接收而来的，从整体上延续了户政档案文献形成时的基本状态。据笔者调研，中华人民共和国成立后，四川省内各级档案馆在对馆藏档案进行分类整理时，对户政档案文献的整理一般是依据档案学基本原理——来源原则进行。

① 国民政府主计处朱副局长君毅在四川省选县户口普查省讲习会闭幕式讲演词，《县政》，1942 年第 6 期。

该原则规定，档案馆按照档案的来源进行整理和分类，要求保持同一来源的档案不可分散、不同来源的档案不得混淆。[①] 对于户政档案文献来说，文献的主要来源是形成这些文献的机关、组织，即各级政府、民政机关、警察机关。因而，国民政府时期四川户政档案文献多分存于警察局、省、市政府或民政机构的全宗之中。[②] 对于户政档案文献分布、实存状况的考察，地域因素是笔者考虑的重点。以馆藏量来看，省市两级档案馆中所藏户政档案文献最为显著，且这些馆藏档案所载户政内容颇具有代表性。因此，笔者拟以四川省档案馆、成都市档案馆及重庆市档案馆所藏户政档案文献为例，做例证性考察和说明。

（一）四川省档案馆户政文献馆藏

四川省档案馆所藏户政档案文献分存于四川省政府、省警察局、民政厅全宗之中。这些档案文献主要源于两个方面，一是由本级民政、警察机关产生，涉及全省户政法规、规章的制定及户政指令的发布等。二是由下级机关呈报，涉及的内容主要有处理下级机关在户籍行政过程中所呈请的事项，以及做出的指示、回复等。两方面来源的汇合，决定了四川省档案馆所藏户政档案的宽泛博杂。主要内容大致上有：

1. 户政业务开展

如：《四川省政府办公厅对省级部分单位关于户政管理工作的报告的复函意见》[③]《合江、隆昌、古宋、泸县、叙永县造报

---

① 冯惠玲，张辑哲：《档案学概论》，北京：中国人民大学出版社，2001 年，第 197 页。

② 全宗是指一个国家机构、社会组织、个人形成的具有有机联系的文件整体，是档案馆档案的第一层分类。参见邓绍兴，陈智为：《档案管理学》，北京：中国人民大学出版社，1996 年，第 16 页。

③ 四川省档案馆，档号：建川 031 – 16 – 0481。

户政定期督导表及会议记录抽查户口工作日记等呈文与四川省民政厅指令》[①]《四川省各县户政纠纷调查处理呈文与四川省政府指令批示》[②]《各县办理户政示范户籍登记工作竞赛成绩表呈文与四川省民政厅的指令》[③]《四川眉山、彭山县户政示范乡成绩报告抽查蒲江、邛崃户口记录及督导昭化、广元、旺苍、剑阁、苍溪、阆中县户政工作报告书及有关户政文件》[④]。

2. 户政经费筹办

如：《四川省政府关于增设户政经费的训令与各县预算情况呈文》[⑤]《各县请将户政股改为户政室增设人员经费预算提案呈文及四川省民政厅和内政部核准指令》[⑥]。

3. 户政法规制定

如：《四川省府令发本省各县市局办理户籍登记补充办法及户政督导实施办法》[⑦]《四川省府关于各县府呈请解释衣籍户政法规各疑义的训令指令及转发内政部解释有关户籍疑义的文件》[⑧]。

4. 户政人事管理

如：《四川省各县府各乡镇设置户政人员状况调查表户政人员动态月报表与四川省府指令》[⑨]《内政部四川省政府四川省民政厅户政人员铨叙任免的电呈训令》[⑩]《四川省府令发扩充技工各级户政干部考试初试及格人员编余失业军官等训练实施办法及

---

① 四川省档案馆，档号：民 054－04－10484。
② 四川省档案馆，档号：民 054－04－10228。
③ 四川省档案馆，档号：民 054－01－1340。
④ 四川省档案馆，档号：民 054－01－3069。
⑤ 四川省档案馆，档号：民 054－04－10024。
⑥ 四川省档案馆，档号：民 054－01－1337。
⑦ 四川省档案馆，档号：民 042－03－6697。
⑧ 四川省档案馆，档号：民 054－03－7605。
⑨ 四川省档案馆，档号：民 054－01－2995。
⑩ 四川省档案馆，档号：民 054－01－3084。

统一管理训练机关佐治人员实习办法》① 等。

（二）成都市档案馆户政文献馆藏

成都市为抗战时期后方重镇，也是四川省会所在地，其户政活动开展的规模宏大，领先于全国其他地区，所形成的户政成果在当时也是其他市县借鉴的对象。昆明市政府曾发函借阅有关成都市户籍行政相关办法及使用表格以资参考。“素仰贵府办理蓉市户籍，规模宏备，成绩懋著”，“动员人数之众多，经费之充裕，使用表格之详备，尤见规划详细，足资楷模。”② 而这种参照性不唯体现在市一级政府层面，河南省政府于 1949 年的一份代电中这样提及：

> 成都市政府公鉴，本府为加速推行政令，对于民政户政及地方自治法规亟待参考，惟以原有卷宗于匪串扰开封时悉遭损毁，致乏依据。素念贵市政绩丕著，法令完整，久所钦仰，相应电请查照赐将民政、户政及地方自治等有关法规或单行办法及训练县市各级干部之讲义惠寄全份，俾资借镜为荷。③

成都市户籍行政的开展取得的成绩显著，所产生档案文献的价值自不待言。成都市档案馆所存国民政府时期户政档案文献分别在中华人民共和国成立前档案中的成都市政府及四川省会警察局全宗里。其内容范围全面，囊括机构设置、人员培训、业务推进、经费筹划、法规制定等户政活动的主要问题。成都市档案馆所藏户政档案文献除涉及政策、法规性文件，户政定期督导表册

---

① 四川省档案馆，档号：民 044 - 01 - 0085。

② 成都市档案馆，档号：38 - 16 29。

③ 成都市档案馆，档号：38 - 2 - 136。

等材料外，与四川省档案馆相比，部分户政档案文献所载户政活动业务的开展情况更为具体，记录有户政执行过程中的细节性描述。如民国成都市政府38全宗16目录所存关于解放前夕基层户政人员生活艰辛的资料，“因物价飞涨，生活难以维持，阻碍工作进行，每日所有薪给不足一饱，私物点当殆尽，借贷无门”，请求户政科“于查记费项内每人加成至三十万元以弥生活高涨之指数”。[①] 又如该目录所存关于成都市户政业务人事交接及成立户政室之经过的详细记录，这些“微观材料”便是当时四川户政基层活动的生动写照，具体详尽，鲜明逼真。

（三）重庆市档案馆户政文献馆藏

国民政府时期，重庆是一座具有特殊地位的城市，为西南地区政治、经济、军事中心。特别是1937年抗日战争全面爆发后，国民政府西迁重庆。重庆作为“陪都”，在中国近代的历史舞台上扮演着重要的角色，并产生了内容十分丰富的档案，被称为“陪都档案”[②]。同时，重庆也是当时四川省开展户政最为出色的城市之一。当时的广东省民政厅发函这样写道：

> 查户政法令繁多，检考稍疏每生错误，本厅有感于此，乃将一般户政法令执简驭繁编纂《户政人员手册》一书印发各级户政人员参考以利推行，惟草草编成，匆匆付梓，错误之处自不能免。素仰贵市推行户政计划周详，规模完备，成绩斐然，送上该书一册，敬希指正并希将贵市有关户政书刊检赐一份，俾资借镜为荷。[③]

---

① 成都市档案馆，档号：38－16－14。

② 唐润明：《重庆市档案馆馆藏民国档案概况》，《民国档案》，2005年第1期，第135页。

③ 重庆市档案馆，档号：0053－7－75。

重庆市档案馆中涉及国民政府时期四川户政的档案文献保存完备，有价值、可资利用的材料众多。这部分户政档案文献主要分布于重庆市政府、重庆市一至十八区区公所、重庆市民政局及内政部全宗之中。重庆市政府全宗涉及的户政档案多囊括宏观上法规制定、会议召开、人事管理等方面，如：《拟定卅八年度户政工作实施计划的呈文》[①]《重庆市户政督导实施办法》[②]《为颁发重庆市政府户政临时会议记录的训令》[③]《重庆市民政局民卅六年度办理各级户政人员考核奖惩一》[④]；重庆市民政局全宗则主要涉及户政工作计划、户政工作执行等户政工作中的具体问题，如：《重庆市民卅八年度户政工作计划》[⑤]《拟订户政宣传标语八则》[⑥]《准内政部函以各省市户政请配合剿匪戡乱加紧办理》[⑦]。重庆市作为陪都之经历，使得重庆市档案馆藏有部分国民党中央机构的档案，虽在形成的时间、记载的内容上不甚完整，却在整个馆藏中具有特殊性和重要性。重庆市档案馆涉及中央机构的户政档案文献主要存于内政部全宗之中，如：《检送各省市户政经费概算编列原则之公函》[⑧]《内政部规定警察机关与户政机关查报户口要项八点》[⑨]《内政部为发〈警察机关调查户口与户政机关联系办法〉电》[⑩]。

从整体上来看，目前四川各级档案馆及重庆市档案馆所藏户

---

① 重庆市档案馆，档号：0053－2－438。
② 重庆市档案馆，档号：0053－7－75。
③ 重庆市档案馆，档号：0053－9－31。
④ 重庆市档案馆，档号：0063－2－210。
⑤ 重庆市档案馆，档号：0063－1－35。
⑥ 重庆市档案馆，档号：0063－3－81。
⑦ 重庆市档案馆，档号：0057－18－68。
⑧ 重庆市档案馆，档号：0053－4－538。
⑨ 重庆市档案馆，档号：0053　8－6。
⑩ 重庆市档案馆，档号：0053－7－8。

政档案文献，在内容上宏观与微观兼存，形式多样，从制度和实践层面上展示了民国时期四川省户政发展的状况。另外需要说明的是，因这部分户政档案文献比较珍贵而难觅，故在本书对户政文献解读的篇幅中对其进行了部分的引录，以便于民国四川户政研究者参考。

二、户政档案文献的稿本

与图书的版本不同，户政档案文献由脱出于户政活动的文件转化而来，其文本，即同一份文件在拟稿、审批、印制过程中所形成的多种文稿，也称为稿本。有草稿、定稿、正本、副本之分。

从目前四川各级档案馆保存下来的户政档案文献来看，无论是20世纪30年代或是40年代形成，档案馆保存下来的档案文献大多是当时公文的签发稿，或称定稿。而依签发稿另行印制的正本、副本不多。这些签发稿一般有发文件机关印制的封面，在格式上大同小异，一般有拟稿人的签名或印信，发文字号、拟稿日期，户政机关领导人对文稿审阅后签署的姓名、日期，文件制发机关的印章等。而在文件的正文部分，常出现对正文内容增减、调整的痕迹。这种签发稿本身由于机关（或部门）的领导人签署了姓名、日期和意见，并盖上了具有一定权威的公章，因此，就被赋予了与正式向外发出的文本相同的法定效力[①]。因为定稿又是文件的标准稿本，是复制正本的依据，上面有负责人签发或会议正式通过的标记，因而在内容方面与正本具有同等价值，在原始性方面则较正本更为可靠。而上述因素也使得行政机

① 黄贵苏：《略析国民政府时期文书制度的因袭性》，《档案学通讯》，1995年第1期，第50页。

关对利用油印技术制作的正本或副本并不十分重视，导致户政档案文献多为孤本或复本不多。

值得注意的是，虽档案文献多为孤本或复本不多，但各级档案馆馆藏中的户政档案文献，仍存在部分内容相同的文件（多为手写抄录），即重份文件。部分重份文件甚至多达十余份。造成这样的状况有以下两个方面的原因：

第一，国民党统治时期，对行政机关所产生文件的立档范围没有出台相应的规定，包括户政机关在内的各类行政机关在实际工作中几乎忽略立档范围这一环节。各机关在立档之时，按预先设定的类目，将需要归档保存的文件分别归入其中，整个过程没有对文件进行剔除。而这样的工作方式，造成了“每文必档”的事实。对此，当时的档案学者何鲁成提道：“我国官吏积习，素不办事，以公文为敷衍手段。办公其间，几乎全为办稿核稿，在纸面上做工夫，驯至档案室案卷堆积如山，无法处理。考之实际，则重要者寥寥无几，然亦不敢擅自注销，恐一旦需用也。”① 虽然国民政府对档案存销的年限做出过规定，如1933年，行政院制定了《文卷保管年限四项原则》，规定“案卷应分定期保存卷与永久保存卷两种”，“定期保存卷之保存年限，应由各部会依其性质自行规定”②。然而，制定案卷保存年限的机关并不多见，且规定本身是否合理，亦是一个很大的问题。何鲁成对当时军政部的保存年限这样评价道：“各类应否如此分配，尚有斟酌余地。”③ 档案保存年限规定的缺乏或年限划分的不尽合理，是导致目前户政档案文献中重份文件产生的主因。

---

① 何鲁成：《档案管理与整理》，北京：商务印书馆，1937年，第350页。

② 中国第二历史档案馆：《民国时期文书工作和档案工作汇编》，北京：档案出版社，1987年，第460页。

③ 同①，第342页。

第二，中华人民共和国成立后，中央对于历史档案十分重视，针对中华人民共和国成立初期出现的历史档案管理上不健全的情况，提出“片纸只字不得损毁”的保管方针。1955 年 8 月，《中共中央关于迅速清理敌伪政治档案资料的通知》规定：“敌伪政治档案资料经过初步分类登记以后，应妥善地保管起来，片纸只字也不得再有损毁或遗失。”① 同年 11 月，《中央转上海市委关于清理敌伪政治档案的指示》指出：“敌伪档案的散失和毁坏，已经对我们造成了严重的损失，各地除了应当继续搜集外，对已经接管的敌伪档案，务必进行全面的分类登记和统计，彻底弄清档案材料的全部情况和内容，并应立即建立严密的管理制度，不得再有分散、损坏或随意销毁。”② 1956 年 11 月，《国家档案局关于清理和整理民国元年以来旧政权档案的暂行办法》规定：“在清理和整理过程中，不得销毁任何档案材料。在整理完毕以后，如销毁无需保存的档案材料，必须经国家档案局或有关的档案管理局书面批准。”③ 上述法规的出台，对于日后各级档案馆对旧政权档案的整理产生了影响显著，这是目前户政档案文献中产生重份文件的另一个重要原因。

三、相关文书制度

一如前述，国民政府时期四川户政档案文献中的绝大多数是由当时户政活动所产生的公文转化而来的，而这些文件除所载具体内容外，其常用文种、公文结构、公文用语等受当时的文书制度的影响极为深刻。因此，要全面分析户政档案文献，国民政府

① 国家档案局：《档案工作文件汇编》，北京：档案出版社，1986 年，第 277 页。
② 同①，第 279 页。
③ 同①，第 300 页。

时期的文书制度同样是不容忽视的方面。

（一）户政档案文献中的常见文种

1927 年，南京国民政府成立。政治鼎革之下，其文书工作随着包括户政在内的各类政务活动实践的需要而不断演进。公文文种的设置受此规律的制约亦经过几次更改。1927 年 8 月，国民政府颁布《公文程式条例》，将公文文种设置为以下几种：令、通告、训令、指令、任命状、呈、咨、咨呈、公函及批答。次年 6 月，国民政府又公布《公文程式条例》，规定设置的文种有令、训令、指令、布告、任命状、呈、状、公函、批。1928 年，国民政府已宣布实行训政，在中央实行五院制，体制有所变化。此时，国民政府第三次公布新的《公文程式条例》，这次规定的文种有令、训令、指令、布告、任命状、呈、公函、咨和批。1942 年，国防最高委员会核定《公文程式条例修正案》，此时规定的文种有令、训令、指令、布告、呈、报告函、通知和批。从整体来看，国民政府时期公文文种的时有补充和变化，使得正式规定的文种多达十余种。结合存于四川各级档案馆及重庆市档案馆的户政档案文献，经常出现的正式文种，按行文方向可做以下划分（见表 1-1）：

表 1-1　户政档案文献的文种

行文方向	文种	用途
上行文	呈	下级机关向其直属上级机关或有关上级官署陈报请示、听候批示、等待裁决时使用
	状	人民对于官署有所陈述时使用
平行文	公函	平行或不相隶属机关之间的公文往复、函达意见时使用
	咨	同级官署公文往复时使用

续表

行文方向	文种	用途
下行文	令	公布发令、任免官吏、指挥行政时使用
	训令	上级机关对下级机关有所差委时使用
	指令	上级机关对所属下级机关因呈请事项而做出指示
	布告	各机关对公众宣布事项或有所劝诫时使用

除《公文程式条例》及《公文程式条例修正案》中规定的正式文种外，在四川各级档案馆及重庆市档案馆所藏户政档案文献中，还发现有部分非正式文种的存在。出现频率最高者，为代电及签呈。前者是用电文格式，以快信寄发，速度介于电报和普通信件之间，时效性较强。而签呈作用与呈相似，因将所呈内容写于签条之上而得名。

（二）户政档案文献的内容结构

现存于各档案馆中的户政档案文献在书写上一般为竖排，由事由、文别、文号、送达处所、发文者、正文、收文者、发文时间、印章及署名等部分组成。从公文内容的结构上划分，又可分为文面、正文、结尾三大部分。文面通常由文别、事由、文号、送达机关、文件形成时间等项目构成，目的是通过直观的项目提示公文的文种、发文对象、发文时间等，并用简要的文字概括公文的内容，如《为筹办本市户政工作人员训练一案请烦查照理由》。正文是公文的主体，一般都由依据、申述、归结三部分构成。[①] 依据部分说明行文的原因或根据，这些原因或根据，可以是先例、法令，也可以是来文。申述部分是由依据部分引出的，是发文者对事项的叙述、议论或提出的意见、办法。归结部分就

---

① 李涛：《解读民国公文》，《云南档案》，2009 年第 10 期，第 45 页。

是根据之前两部分得出的结论，指明行文的性质、目的，或呈请批示，或咨行查照，或令行遵办等。而结尾部分主要有公文所送达的机关或负责人、发文者签署姓名、盖章及发文时间三项。

四、户政档案文献的行文用语

在户政档案文献中所呈现出的公文用语上，有一个现象值得注意。不论文件的作者是省、市一级民政机构，机构负责人或是警察机关及负责人，不论其制发的文件的文种是呈、函、指令、训令，还是签呈或代电，在公文的正文部分，很少或基本不使用标点，也不划分段落。全文内容的来龙去脉及行文层次，如哪一部分文字是引用他处来文，哪一部分内容是本机构或负责人提出的意见，哪一部分是对下级的要求、批示或是对上级回复，等等，全靠特殊术语、词汇的运用，做到层次清楚、段落分明，以使受文者顺利理解来文意图。这些特殊术语、词汇，或称“交代词”①，笔者以收集到的户政档案文献为对照，按其功能分类，主要有以下几类②。

（1）起首语。对公文的扼要内容进行说明，指明行文的目的。在户政档案文献中出现频率较高的有上行文中的“呈为……事”，平行文中的“为咨行事”，下行文中的“为令遵事”等。

（2）称谓语。即公文发出机关和公文送达机关之间相互称呼的用语。常见的称谓如下：下级机关对上级机关概称为“钧”，如：“钧府”“钧院”；下级机关自称多用“职”，如：“职府”“职县”“职会”；上级机关自称时用“本”，如：“本

① 黄贵苏：《略析国民政府时期文书制度的因袭性》，《档案学通讯》，1995年第1期，第51页。

② 李涛：《解读民国公文》，《云南档案》，2009年第10期，第45－46页。

府”“本县”“本部”。

（3）引叙语。引用之前来文或法令并拟回复的开头用语。如：“奉行营令为前据呈请将省会保甲划归成都市府直接管理由”。常见的引叙语有“据”“奉”“案准”“查”“函开”“称”等。

（4）关界语。即引述来文结束时的用语。如：“等因”“等情”“等由”等。

（5）承转语。指的是依据部分完毕，转入申述部分之前的用语。常见的有“奉此”“据此”“准此”等。

（6）结束语。全部行文内容叙述完成之后，作总结时的用语。如：“为此”“相应”等。

国民政府时期，公文不加分段、标点的做法虽有“交代词”的承转、提示予以弥补，但仍给公文的收阅者在阅读篇幅较长的正文时造成不小的困难。文件收阅者往往不得不在需要断句之处用笔加一顿点，以划清层次条理。前文提到，国民政府时期保存的四川户政档案文献中，多数为发文的手写的定稿，即签发稿，因此，这样的顿点在户政档案文献之中亦随处可见。

五、户政档案文献的两个主要来源

中国的户政肇端久远，不同时代的户政管理之间往往存在因袭关系。国民政府时期的户政也不例外，多是沿袭清末和北洋政府时期的户政而来。其户政受前代户政实践、机构、法规的因革发展影响极为深刻。其间，户政管理与警察户口清查一度混淆不清。20 世纪 40 年代，户政机构设置健全，警察机关办理的户政业务才逐渐移交民政机关办理，使得户政档案文献在不同时期来源各异。这样的情况导致当时产生户政档案文献的渠道比较复杂。所以，要对国民政府时期四川户政档案文献的来源情况做基本的了解，需从清末警察机关办理全国人口调查谈起。

警察机关办理户政业务始于19世纪末20世纪初的全国人口调查。当时清政府面临内忧外患的统治处境，为挽救其危在旦夕的统治，清政府推出“预备立宪”。在立宪背景下，清政府认识到户口调查的必要性和重要性，遂出台了一系列户政改革措施，设立巡警部，实行警察制。以“巡警为内治根基，民事总汇，头绪至繁，要以清查户籍为万汇之枢纽”[①]，巡警部奏请清查户籍，以维护社会基层治安稳定。调查手法上拟“先查户而不计口，必从简易入手以期逐渐推行”[②]。1906年，巡警部改组为民政部。1907年，宪政编查馆奏准在京各部设立统计处，各省设立调查局。光绪三十四年（1908年），民政部颁布《调查户口章程》，共计十一章，四十条，按照计划逐年筹备，用以指导全国户口调查。该章程将调查户口分为两次办理：第一次调查户数，以编钉门牌为终结；第二次调查口数，以填具查口票为终结。《调查户口章程》对于调查人员有这样的规定：京师内及外城以巡警总厅厅丞、顺天府各属以府尹、各省以巡警道为总监督，并按区域以知事、知州、知县等为调查户口监督。具体的调查事务由地方自治董事会或乡长办理，以总董或乡长为调查长，董事或乡董为调查员，并派巡警协助户口调查。

宣统二年（1910年），政治局势发生剧变，迫于内外所面临的压力，十月，清政府宣布提前立宪，将9年的预备立宪期缩短至6年。同时，宪政编查馆对户口调查筹备事项加以修改，将汇报各省户口总数与颁布户籍法提前到宣统三年（1911年）办理完竣。宣统三年，晚清政府草拟了《户籍法》，随后，辛亥革命

① 《巡警部奏请清查户籍折》，《东方杂志》，1909年第8期，第178页。
② 同①。

爆发，《户籍法》尚未实施便胎死腹中，清政府筹备的全国人口调查最终以失败了局。

晚清政府的全国人口调查虽然只是昙花一现，但在全国人口调查的筹备过程中催生了新的户籍制度，具体表现为将巡警引入户籍管理活动中，改变了传统由乡官统领的单一户政管理形式，奠定了近代“户警合一”的户政管理体系。这种户政管理体系无论对北洋政府或是国民政府初期的户口清查都产生了巨大影响。

北洋政府时期，军阀纷争，户政事业在局势动荡中缓步前行，新户籍法的制定始终无法推向政府行政工作前台。这一时期户籍行政相较晚清户政并无太大变化，户政系统在结构上基本沿袭旧有的户籍制度，按“户警合一”的形式进行户籍管理。民国四年（1915 年），《警察厅户口调查规则》出台，进一步强化了警察机关在户口行政中的职能：“关于调查户口事务，以警察总监或警察厅长为调查监督”，“调查长每区一人，以警察署长充之，调查员无定额”，“分派各警区属员充之。”[①] 但是，这一时期的警察系统很不健全，全国并非所有地区都统一设有警察厅，在这种情况下出现以警察为主体、警察制与牌甲制[②]并行的双套制户政管理体系，即在京师及各省会、商埠设有警察厅的地区实行警察制，在没有设立警察厅的地区按照《县治户口编查规则》实行牌甲制。

国民政府成立初，于 1928 年要求全国各省陆续依照民国四年颁布的《警察厅户口调查规则》和《县治户口编查规则》展

---

① 公安部户政管理局编：《清朝末期至中华民国户籍管理法规》，北京：群众出版社，1996 年。

② “牌甲制”与民国时期十进位的保甲制极为相似，以 10 户为 1 牌，10 牌为 1 甲，10 甲为 1 保，由此建立起了最高统治者对全国户口的严密控制。

开户口调查。具体由警察机关组织实施，此外，同年出台的《户口调查统计报告规则》及1929年的《人事登记暂行条例》，也都规定由警察执行户口调查任务。从上述情况可以看出，清末至国民政府初期，所产生的关于户政的公文、文件、材料，基本产生于警察机构中的户籍部门。

1931年，蒋介石在江西发动对革命根据地的围剿，开始实行保甲编查户口。其后数年，包括四川省在内的国内大多数省市，均全力办理保甲户口编查。1939年，《县各级组织纲要》公布，实行新县制，户政业务部分由保甲户口编查所代替。这一时期，警察户口清查与保甲户口编查混淆不清。从查记项目上看，四川省各警察局调查户口异动的项目大多相仿，主要分为出生、收养、婚嫁、继承、迁徙、迁入、迁出、死亡、失踪、分居、来往、他往等项。而从保甲户口编查来看，中央虽仅规定为出生、死亡、迁入、迁出四种，但具体实施时增加了许多项目。如：出生包括收养，死亡包括失踪，迁入包括结婚、认领、雇佣，迁出包括离婚、分居、并入他户、闭歇等。项目极为繁多，且多与警察户口清查项目重复。这一时期，有关户政的公文、文件产生的来源，既有警察机构，又有民政机构，且展开调查之内容多有交叉重复之处。

1942年，国民政府内政部成立户政司，并在全国各级政府设置户政机构，直接指导实施户政，户政管理中警察机构与民政机关相互混淆的情况随即有所改观。户政司成立后，拟定《省市县各级户政机构充实办法》，咨行各省市参考[①]，到抗战结束时，四川省等后方21省省级政府大多设置户政科，县市一级多设有

① 邓正兵：《略论民国户政》，《淮北煤师院学报》（社会科学版），1998年第1期，第25页。

户政股，少数设有户籍室，乡镇设有户籍干事及助理干事。1942年之后，户政机构的充实，使得户政文献多产生于民政机构之中。

从目前四川省各级档案馆及重庆市档案馆馆藏情况来看，1935 年后产生的文献多存于警察机关全宗之中，1942 年之后生产的文件多存于省市政府、民政厅等全宗之中。而两个时期之间产生的部分户政档案文献，在警察机关全宗与民政机构全宗里均有涉及，这与之前所述的户政机构、业务性质的发展变化情况基本一致。

六、户政档案文献的价值与局限

众所周知，历史学是一门实证学科。因此，我们要了解国民政府时期户政的变迁，并将各方面情况的细节真实具体地展示出来，就必须要接触史料，以完成史实的重建。“历史是建立在事实基础上的学科，史料是历史重建工程必需的原材料。”[①] 史学研究者一般会对收集的史料有所区分，“一手材料”是史料中最为重要的组成部分。对于“一手材料”的划分，目前学界没有具体的标准，通常包括以下几种：档案、期刊、报纸，以及当时产生的著作和口述回忆。当然，这一情况不独出现在户政问题的研究中。档案文献虽与其他文献史料被划为同一层次，其表现出的作用、价值却是有差异的。

在现存的有关四川省户政的文献中，对于政策、制度或措施的记载有很多，为研究户政问题提供了宏观上的参考。但是前者的落实情况如何，这可能是户政研究者更为关心的。事实上，某

① 杨天宏：《口岸开放与社会变革——近代中国自开商埠研究》，北京：中华书局，2002 年，绪论。

种政策、制度或措施未必能够真正地落实贯彻，执行后，在运作过程中，往往会随着社会环境、时代语境及执行者的主观态度的变化而有所损益。要考察国民政府时期四川省户政的真实情形，只能通过政策、制度或措施的贯彻执行情况加以了解。要做到这一点就需要依靠更为基层的案例。

关于这一点，档案文献正好满足这一需求。现存这批户政档案文献产生时间距今不远，且是成批、成套地从旧政权机关中接收而来，为我们提供了大量细致、具体、生动的反映基层情况的微观材料。试举一例，四川省选县户口普查之后，户政机构相应做有调整，内政部认为增设户政科后，保甲科机构即失去重要性，要求各省市警察局裁撤保甲科。其相关内容在档案、期刊文献均有相应涉及。但是具体裁撤效果如何，是否全国一体遵照执行，期刊文献中却未有涉及。实际上，当时的重庆市政府就以"保甲与户政两科之机构及业务性质与工作效率上不能分别归并之"，拒不裁撤保甲科。具体经过在重庆市档案馆馆藏档案中有详细记载。类似的微观材料在档案文献中大量存在，这些记录十分具体，直接反映了户政制度、措施在基层执行的情况及民众的反应，每一条都是重要的历史细节，可能引导四川省户政研究的重大突破。一件文稿、一封书信、一份诉状、一篇日记，以及其上所记载的时间、地点、人物、数字，甚至是只字片语，都可能是四川省户政发展线索中的一个重要的点，抓住它们就有可能解决悬而未决的问题。

户政档案文献的另一优点在于，它是户政历史活动的原始记录，直接脱胎于户政之中，所记叙的内容在许多方面是相当真实可靠的，记录不实或表达不明之处远少于其他文献。也由于档案文献直接产生于户政活动之中，因此，其形成时间、形成者、形成过程基本上是清楚明确的，这也决定了绝大多数户政档案文献所反映的问题都是真实可靠的。

但是，任何文献的产生都受时代的局限，没有完全不带偏见的文献。在国民政府时期，出于维护阶级统治的需要，户政活动所产生的档案作为国家记忆、职能活动的直接记录，较之其他文献更易受到旧政权的影响。其作者也会面临阶级地位和利益关系等诸多难以逾越的限制。另外，档案的作者或签发机关所持立场也会影响到档案的可靠程度。

总体来看，作为国民政府时期四川省户政活动留存下来的直接记录，户政档案文献既反映了户政活动的基本情况，也显示了档案作为信息载体的独特形态。档案文献由当时的文书直接转换而来，决定了其内容在完成后较少受到有意改造，因而更多地保存了历史的真实。此外，文稿、文种、内容结构等外在特征也是户政档案文献的巨大魅力所在。档案文献内容博杂，数量可观，且多为孤本，所载内容是许多其他户政史料中所没有涉及的，虽然自身存在一定的不足之处，但档案文献仍是研究国民政府时期四川省户政的最可靠依据。

第二章

国民政府时期四川户政期刊文献

20 世纪三四十年代，作为国民政府时期四川省户政发展的一个重要阶段，不但直接形成了许多极具特色的档案文献，还出现了大量散见于各种民政类、综合类及统计类刊物中的户政期刊文献。民国时期，时人对于户政的关注和诠释，广泛存在于各种刊物之中，现存的有关户政管理的期刊文献颇多。从时代语境上观察，这一时期四川户政的发展无论是在机构、人员，还是经费、制度上都有不小的充实，为时人研究户政活动及相关现象提供了鲜活的素材。而《户政导报》《县政》《四川月报》等民政、统计类刊物的先后创办亦集中在这一时期，为文章作者抒发思想、阐述观点、提供对策，甚至是发发牢骚提供了理想的场所。

1937 年抗日战争全面爆发，全国政治重心逐渐转移至四川，受社会、经济、文化等诸多因素影响，四川省户政资源得到极大扩充，尤其是制度的逐步推行和完善。在此大环境的影响之下，四川省户政建设速度胜于全国其他地区。户政期刊文献在内容上亦显示出不少特色，带有较为浓厚的现代化色彩。

户政期刊文献较档案文献在形成时间和内容体式上差异颇大。从形成时间上看，户政期刊文献虽与所描述的户政活动产生于同一时期，却并非由户政活动直接生成。户政期刊文献从其撰写完成至刊印发表，与所描述的户政现象相比，在时间上有着相当的滞后。因此，所涉内容多为经验、看法、观点、思想及对策等。从内容上看，有关户政问题的文章类型丰富，既有对前期户政实施的检讨，又有对当前户政开展的描述，还有对未来户政推进的展望。国民政府时期，出现的研究户政问题的专门刊物极少，值得关注的重点刊物有内政部所办的《户政导报》。此外，大量有关四川省户政问题的文章刊载于民政类、综合类、统计类期刊之上，所刊载文章多为一事一议，之间并未形成系统的联系。总体来看，这些文章的存在形式有二。一是独立成篇。这类文章因事而议，针对户政某一具体问题或现象回顾往昔，并结合户政现实问题提出观点。二是没有独立成篇。这类文章涉及户政问题的内容所占篇幅短小，多为一两段或三五句，在某些统计类刊物之中，甚至仅为只字片语，或是某一具体数字。与档案文献相比，无论是结构体式或是行文用语，未有相关制度、规章对刊载户政内容的期刊进行规定。因此，与档案文献相比，户政期刊文献更为灵活，有时论、专载、通讯、论著等多种类型。

一如前文所言，户政有“庶政之母”之称，众多行政事务的开展需以此为参考开展。如：府岸监运督销办事处为配销盐斤就曾发函至成都市政府询问人口数据。“查本处对于配销盐斤须以各地人口数字为根据，以期详确，相应函请贵府迅将成都市最近人口数字赐示过处，以便配销。”① 正是由于户政对于社会各类事务具有重要作用，其成为国民政府时期“当代性”研究的重点问题自是在所难免。以笔者所见，在国民政府时期出版的绝大多数民政、综合类刊物中，对户政问题、人口数据或多或少都有所涉及。三四十年代刊载户政问题及相关现象的期刊达数十种之多，但是，这些户政期刊文献的刊载十分零散。一方面，独立成篇的文献所处的栏目并不固定，且同期文章之间在内容上也无系统联系。另一方面，户政期刊文献中还有相当部分并没有独立成篇，想要将其究尽十分困难。在无索引可资利用的情况下，笔

① 成都市档案馆，档号：38－16－29。

者无法一一介绍详尽，还待日后进一步发掘。

对国民政府时期户政期刊的考察，可做两个层次划分，一是全国性刊物，如：《户政导报》《地方建设》《军事与政治》《警政导报》；二是四川省境内的刊物，如：《县政》《四川省政府公报》《北碚月刊》《四川月报》《四川统计简讯》。以四川户政问题为对象，从载文量来看，《户政导报》《县政》显得尤其突出，前者由国民政府内政部创办，后者由四川省民政厅创办，所载文章也各具特色，内容也几乎涵盖户政问题的各个方面。因而，笔者拟将它们作为个例分别考察。这对研究国民政府时期户政期刊文献，尤其是四川省境内创发的户政期刊文献不无典型意义。

一、全国性户政专门刊物——《户政导报》

《户政导报》为国民政府内政部创办，1945 年创刊。该刊是国民政府时期研究户政的专门性刊物，除例载中央政府、各省市户政工作报告，以及户政实施计划草案和户政规章制度外，特别注意户籍行政理论探讨、户政实施方法和经验的总结，并载有全国各地不同时期的人口数据，而这些资料及数据正是该刊的价值所在。

《户政导报》之所以得以创办，一方面由于“中国近百年来进步迟缓，至今尚未举办近代式之人口普查”，加之“户籍及人事登记，亦未确立基础”，以至于“各种政令之推行，不能获得完满之效果；战时动员之实施，不能达到必要之程度”。[①] 另一方面，内政部虽根据这一形势制定过户政实施方案，对于训练人员、筹措经费也有相应办法，但“户籍登记方在举办，人口普查尚在准备，人口政策亦待确定，法律与行政技术上，尚待研究之

① 张厉生：《发刊词》，《户政导报》，1945 年创刊号，第 1 页。

问题甚多”。正是在这样的背景下，《户政导报》由内政部创办。该报在创刊号开篇中将其服务方向归结为四点：

一、协进宪政建设。在此抗战最后阶段，宪政实施前夕，兵员补充，需要迫切；地方自治，兹待完成，兵役义务与四种民权之行使，皆以户籍为根据，故完成户籍登记，实为当前最为迫切之工作。中国战后建设，经维万端，必须有缜密之计划，始克有济；而人口资料，为一切计划不可缺少之要素，故全国人口普查，尤待充分准备。中国人口众多，教育落后，查记工作，极为繁巨，所需人员经费，为数亦庞大。如何使一切措施，悉合社会环境，且能经济有效，不特需要行政人员，实事求是，积极推进，尤赖专家学者，充分研究，共策进行，提供有效之办法，而后人口行政之推行，可获完满之效果。

二、树立人口政策。人口数量之消长，为民族盛衰之所系，古今谋国之士，无不以增殖人口为急务，而近代国家，尤多致力于人民品质之改进与分布之均衡，根据国情，定为政策，积极进行。中国至今尚无正确之人口统计，各方对于人口问题之见解，亦殊不一致，或以民族的观点，主张积极增殖人口；或以民生的观点，主张均衡人地比率；或对民族优生，注重遗传因素；或谓改进人口品质，在乎改良卫生与提高生活。凡此问题，皆有待于充分之调查研究，搜集可信之资料，寻求正确之结论，以为决定政策之基础。

三、养成学术风气。近代社会进步，行政工作，颇有日趋科学化之势。办理户政所需要之知识至为广泛，对于法理民情，如无深切理解，决不能为适宜之处理。故每一工作人员，必须持研究态度，深察实情，证验学理，取长各国，精益求精。如此不特户政工作，可以推行尽利，并且可于实际工作之中，养成专门学识。故研究风气之养成，实为户政成功之关键。且人口现象，为社会情况之指标；人口资料之统计分析，尤足表示社会状态，有裨行政建设。故人口学术之研究，更为行政进步之要素，而为户政人员所当特别致力者也。

四、交换工作经验。经验为常理所导源，亦为事业之要素，任何工作，皆由逐渐改正错误，克服困难，而获得成功，我国户政工作，方在开始；虽立法设计，粗具规模，而工作途径，则尚待开发，交换彼此经验，相互观摩，互资借鉴，即可减少工作错误，获致顺利途径。积多数工作人员或行政单位之经验，即可发见普遍之原则，树立工作之规范，循此前进，自可形成健全之制度，达到完满之成功。①

从上述办刊宗旨和四点服务要点之中，即可对《户政导报》的视野窥知一二。其具体的载文情形更是将上述要点落到实处。从内容类型上看，《户政导报》载文范围很广，从现代化户政管理的基本理论，到具体户政活动的实践开展情况；从最基础的户政概念术语，到户政制度的构建完善，但凡是户政问题相关者，皆有刊载。该刊对国外特别是欧美户政管理经验的引入和传播，如《美国人口普查技术提要》《苏联人口登记制度概述》等，更是体现了兼容并蓄的办刊态度。此外，《户政导报》还收录了不少视角独特的文章，如：《人口保育与国家的前途》《行宪与户政》等，这种开放性视野使得《户政导报》成为百花齐放、百家争鸣之地。该刊的另一个重要的特点是务实，注重户政经验的总结与交流，并以之指导实践的开展。重庆市政府曾就《户政导报》的订阅电令警察、民政两局，“该导报内容丰富，印刷精

① 张厉生：《发刊词》，《户政导报》，1945 年创刊号，第 1 - 2 页。

良，极宜为办理户政者之参考，除已分发警察民政两局参考，并饬令各区公所各警察分局径向市面购备”①。

《户政导报》以上述四点方针为导向，大量收集行政人员和专门学者的投稿，集思广益，采纳意见。同时，各级户政人员于户政服务之中，将所得经验、方法大量投布于该刊之上。在这样的关怀驱使下，成就了《户政导报》所载内容的广泛全面。

《户政导报》系内政部创办的针对户政问题的专门刊物，可算是研究国民政府时期户政的前沿。加之作者群体多有官方背景，如包惠僧，就曾任内政部户政司司长、人口局局长等职。因此，该刊还兼有宣传指导之作用。其基本栏目有“论著”“研究”“报告”“法令解释”“译述”及“资料”六类。

（1）“论著”主要对户政开展之意义、户政相关概念等基本问题进行解读，如：《建国大业中户政的使命》《户政与宪政》《户口普查的基本概念》《户政之回顾与前瞻》《户政工作者之基本态度》等。

（2）“研究”涉及户政具体问题的分析、考察，如：《中国人口政策之研究》《中国人口密度之地理分析》。

（3）“报告”是该刊的重点部分，发文量所占比重大，所刊文章现实性强，涵盖内政部推行户政的介绍及全国各地户政的办理情况。如：《内政部推行户政工作概要》《川康户政督导会议补充报告》《内政部三十四年度督导川康陕甘宁青滇黔鄂九省户政概况》《三十五年度户政工作总检讨》等。

（4）“法令解释”一栏载文数量不多，《户政导报》创办前期，少有文章刊发。该栏主要定期集中回答户政推进中的疑问。如：《户籍法疑义问答》《国籍法疑义解释》等。

---

① 重庆市档案馆，档号：0053－0002－00697。

（5）“译述”介绍国外户籍的行政经验、开展方法，主要以欧美为主。如：《英国户口普查概要》《美国生命登记概要》《一九四零年美国第六次普查夏威夷圣母群岛巴拿马运河地带普查员手册》等。

（6）“资料”所载内容比较繁杂，涉及户政相关草案、办法及各种表册示例等。如：《户政五年计划草案》《三十四年度户政实施方案》《各省市户政人员训练办法》《各省市户政机构一览表》《省训团户政组业务训练课程项目要点及时数分配标准表》等。

除上述六个固定栏目外，《户政导报》根据户政发展情势特别开设专号或特辑，就户政的一些热点、难点问题集中论述，提出相应对策。《户籍法》修正颁布时，设有“新户籍法特辑”，刊载文章诸如：《户籍法修正之经过及要旨》《新户籍法各种簿卡书证之初步设计》《新旧户口统计方式的比较研究》《论新户籍法及其推进》等。内政部户政司人口局成立一年之际，该刊设立“人口局成立一周年纪念特辑”，刊载文章诸如：《一年来本局业务之检讨》《一年来户政机构之调整与运用》《一年来之户政督导考核》《一年来之户政经费》等。规划全国户口普查筹备时，该刊设有“户口普查特辑”，刊载文章诸如：《为筹办户口普查答客问》《国内专家对于本局所拟第一次户口普查之意见》《第一次全国户口普查计划草案》等。

从上述简介可以看出，《户政导报》所载文章针对的问题多具有普遍性，涉及内容为户政开展一般情况、技术方法、法规解读等。令人遗憾的是，该刊针对四川省户政问题的内容，特别是独立成篇的文章颇为稀少。多数没有独立成篇，仅作为某一论著、报告的一部分出现。如：《各省市各级户政机构一览》仅在附录中对四川省政府民政厅、县政府及乡镇的人员设置进行记录，“四川省政府民政厅内设第四科专管全省户政事务，设置员额25人。县政府设户政室或户政股，设置员额4～7人。乡镇设户籍干事，设置员额2～3人”①，寥寥数十字，在整篇文章中显得有些单薄。出现这样的情况，在笔者看来，大抵有两方面的因素。其一，《户政导报》创刊于1945年，这一时间刚好错过了1941—1944年四川省户政建设快速发展的阶段，诸如四川省选县户口普查等重大事件并未纳入该刊的视野。其二，1945年8月日本天皇宣布无条件投降，1946年5月，国民政府由重庆迁回南京。这时的四川省作为抗战大后方的地位亦不复存在，政治影响力相应有所折损。总体而言，《户政导报》虽然直接涉及四川省户政问题的内容不多，但所载论著多是以全国户政普遍现象而言。1935年川政统一之后，其户政纳入中央体制。因此，这些论著撰述的问题及总结之经验也适用于四川省户政，而其所刊载之法律规章多要求全国一体遵照执行。因此，《户政导报》对于四川省户政问题仍有很大的参考价值，是研究四川户政不可或缺的刊物。

二、《县政》的特点及基本内容

国民政府时期，四川省境内未见有专门研究户政问题的刊物出现。关于户政问题的探讨、记叙多集中于该地区刊发的民政类、综合类及统计类刊物之中。比较而言，《县政》在户政问题的载文量上十分突出且特色鲜明。《县政》与《户政导报》的定位与功能不尽相同。《县政》是为联络工作、共享经验用，目的十分明确，即推进四川省户政实践开展，内容紧扣四川省户政的现实发展情形，所载关于户政问题的文章针对性强，行文简洁，

① 《各省市各级户政机构一览》，《户政导报》，1947年第1期。

不仅反映了当时四川省户政推进的状况和出现问题的解决措施，更重要的是集中了政府行政官员实地从政经验之所得。如四川省民政厅厅长胡次威，其文章颇具厚度，非一般著述之泛泛所谈。这些期刊文献代表了这批官员对于四川户政的认识水平及其解决问题的能力，是了解四川省户政的重要资料来源。

《县政》由四川省民政厅创办，1942 年创刊，月刊。该刊虽不是专门研究户政问题的刊物，但所载关于四川户政问题的著述、报告、法令极多，几乎每期都要涉及户政问题且多独立成篇。文章之间关联亦较为密切。另有文章虽不是独立成篇，却也占有不小的篇幅。如四川省民政厅厅长胡次威写的《四川省实施新县制成绩总检讨》，“清查户口”一节作为专门问题，对其得失进行探讨。《县政》的栏目并不固定，先后出现“特载”“重要法令”“统计和消息”“重要训词”“论著”“工作检讨”等栏目名称。此外，《县政》并非每期都会划分栏目，也有整期刊发一部著述的情况。如：第一卷第四期刊载胡次威的《推行县政应有之途径与方法》，分上、下篇，上篇写如何处理人事，下篇写如何处理政事。又如：第一卷第九期刊载李廷梁的《户政人员手册》，全文分保甲概要、户口调查、户口统计及户口异动登记四个章节。对于《县政》所刊文章的内容类型情况，笔者现撮其要者，将该刊中部分文章分门别类，以它们为代表作粗略介绍：

1. 训词类

这类文章大多为领导讲演词、训词的摘录，如《国民政府陈主计长对参加四川省选县户口普查省讲习会人员训词》，阐述了四川省选县户口普查之意义，并谈到该次讲习于四川省选县户口普查的重要性。《胡厅长次威在四川省选县户口普查省讲习会开幕式讲演词》，指出四川省选县户口普查的重要作用，总结了四川省选县户口普查之经过，并提出对参加户口普查省讲习会成员的希望。

2. 论著类

这类文章通常总结历史，对加快户政发展提出有益的建议，展望户政未来。如叶楷的《户口普查与四川选县户口普查》，全文分四部分，“引言”回顾我国历代人口调查；“户口普查”就户口普查之性质、户口普查之目的及户口普查之重要性三个方面提出自己的看法；“户口之释意与分析”对户口分类、调查方法做了较为全面的介绍；“四川省选县户口普查”总结了四川省选县户口普查的大致进程，并对四川户口普查提出展望。李廷梁的《我国户籍行政之回顾与前瞻》对中国户籍行政实施情况及将来推进之动向提出个人意见。吴澄之的《本省选县户口普查与整编保甲之联系》，认为户口普查与整编保甲同时举行，并探讨各级行政人员应该如何接办户口异动登记，最后认为应根据户口普查之结果调整原有保甲之编制。

3. 工作报告类

这类文章纪实性强，对已进行的户政工作加以回顾，从中抽取经验，以利以后户政工作的开展。如：胡次威的《四川户政工作报告》、纪中愉的《参加此次选县户口普查工作的检讨》、丁步荣的《此次选县户口普查中督导工作之检讨》，总结了1941年四川省选县户口普查的特点，描述户口普查前后之准备情况，并对户口编查实施中的细节提出了看法。

此外，《县政》刊载有统计信息、培训教材及户政制度等内容。但分布较为零散，并不形成体系。（1）统计信息，如：《三十年度本省编查保甲户口人员奖惩统计》《民政统计简册——户政》。（2）培训教材，如：《户政人员手册》。（3）户政制度，如：《现行户政制度述要》《修正户籍法草案》《修正户籍法施行细则草案》，等等。

三、四川境内统计类刊物述略

如前文所言，国家行政事务的开展有赖于户政活动的开展，而获得准确的人口数据是户籍行政中户口调查的主要目的之一，这也是做好兵役、税负、民生工作的重要依据。因此，对国民政府时期户政问题的研究，同样需要关注户政期刊文献中的户口统计数据。国民政府时期，在四川省境内刊发的有关户政统计数据的刊物有《四川月报》《四川统计简讯》《四川统计月刊》等，笔者兹就数据较多的几种略做说明。

1.《四川月报》

《四川月报》由重庆中国银行在重庆创办，1932 年创刊，月刊。该刊主要刊载经济类文献。栏目有“财政”“金融”“商业”“产业”“交通”“社会一瞥”。刊发的户政数据以户口调查数据为主，其中包括川政统一之前的人口数据。如：1932 年第一卷第三期所载的《各县户口普查》，记录有灌县、成都及叙南五县的人口数据。由于川政统一前四川政局混乱不堪，留存下来的人口数据极少，因此，该刊所载内容亦显得十分珍贵。

2.《四川统计简讯》

《四川统计简讯》为四川省政府秘书处统计室创办，1940 年创刊，月刊。其中心工作包括：制定县单位基本统计调查表格、编制四川省各种基本统计资料辑、充实四川统计年鉴内容等。该刊刊载户政问题的内容多为各种人口调查统计表格。人口数据散存于四川省各种统计资料辑中。

3.《四川统计月刊》

《四川统计月刊》由四川省政府统计处创办，1939 年创刊，月刊。涉及内容比较广泛，其栏目包括：“司法”“公务”“土地”“户口”“警政”“粮食”“财政”“金融”等，“户口”一栏主要刊载三个方面的内容：（1）重庆市户口统计表，内容包括户口类别、人口籍贯、人口职业；（2）四川省会警区户口统计表，内容包括逐月变动、出生及死亡；（3）成都市壮丁统计表，内容有人数和年龄两项。

统计类刊物与民政类刊物所载文章的长篇大论不同，内容多为人口数据、登记表册，言简意赅，数据丰富，能从数据结果的视角审视四川户政活动的执行效能，是研究国民政府时期四川省人口数据的必读刊物。

从上述户政期刊的载文情况和栏目设置来看，户政期刊文献多注重户政理论和实际问题的探讨，关注户政的往昔得失，并以目前的经验来度量未来的户政发展，并提出解决方案。另外，户政期刊文献通过传播引起当政者与学者对户政的兴趣，使得户政领域能够吸收其他方面的声音。考虑到刊载户政内容的期刊多为官办，它们更为现实性的作用是要促进先进经验、技术及方法的推广，并将其落实到实践层面。

第三章

户政文献的产生与时代语境

探讨历史上的种种问题，必然遵循一个基本原则，便是要将所谈及的问题置于其产生的环境中去。此一原则不唯适用于某个时期具体现象、事件的考察，也同样需要用在某一文献的研究上。“工欲善其事，必先利其器。”在分析户政文献因袭发展之前，我们有必要回顾一下国民政府时期四川户政发展的大致脉络及所处社会环境的基本态势，这一线索可以作为坐标图，作为后面谈及文献具体内容时的准确定位。

国民政府时期的四川省户政文献是当时户政实践活动完成后最为直接的衍生物，既有那一时期社会、政治、经济等诸多因素的规约，又有户政活动本身发展内在逻辑的影响。国民政府时期四川省户政业务的发展及其所能达到的高度规定了户政文献所能积累的程度。所以，对于国民政府时期四川省户政文献的研究，具体操作上需要把握当时特别是1935年川政统一后户政开展的基本环境，这样才能对国民政府时期户政文献的产生及所涉及问题一窥其貌。即是说，搞清楚户政文献是在什么样的背景下产生的，是做好四川省户政文献研究的必要起点，这也有利于对户政具体问题及重大事件的透视与解读。

一、防区制下的四川户政

自1928年东北易帜起，国民政府在形式上统一了中国，在其后统治的20多年里，虽是中国政治和社会持续动荡的一段时期，却也是一个重要的时段。不过，其重要性的内涵，从户政方面来看，中央与四川迥然不同。就全国特别是“中央政府体制”深入的地区来看，国民政府的统治虽然遭遇了各种挑战，却在相对平稳的环境里建立起了一套较为完整的政治体制，为户政活动的开展创造了一定的空间。1927 年，南京国民政府成立，其户政系统基本承袭北洋政府时期旧制，其中亦将不少晚清政府户政管理的内核纳入其中。虽处草创阶段，却也通过各项措施的施行朝着建设的方向前进。国民政府成立不久，内政部随即着手准备全国人口调查，并于 1928 年要求苏浙皖三省先行调查，调查之时仍沿用民国四年（1915 年）所制订的《警察厅户口调查规则》和《县治户口编查规则》，紧接着便在同年出台《户口调查统计报告规则》，通令各省一举办理人口调查。1931 年 12 月，国民政府公布《户籍法》，并于 1932 年宣布实施。上述种种举措表明国民政府试图以积极的态度经略全国户政，但这并不意味着四川省户政也在同一时期迈入这一门槛。

1935 年川政统一前，四川地区政治分裂，防区林立，各路军阀长期混战，为防止被其他军阀兼并，纷纷设立防区以确保自己的势力范围。在防区之间武装斗争频繁不止的形势下，省政府形同虚设，户籍管理也仅是各路军阀所掌握的一种斗争资源，对户口的管理也并非现代意义上的户政。这一时期，户口调查由公安局负责，直接目的是确保防区内的治安稳定有序、掌握壮丁数量及武器数目。如：“叙南五县之户口，向无明确统计。前经二十四军部派员嘱向各县，分两期清理户口”，“并将五县壮丁及武器数目，并分别查明呈报”。[①] 通常在调查完毕户口数目之后，需要填具武器数目表，内容包括县别、男女人数、枪支和刀矛等项。

---

① 《各县户口调查》，《四川月报》，1932 年第 3 期，第 73 页。

此外，军阀相互并吞，混战不休，各军军费大增，通过户政加剧对民众的搜刮成为充实军事实力的工具。先培在《四川县政之今昔观》中有这样的描述：

保甲本属民众自卫的组织，但是四川的保甲早成了驻军敲诈民脂的工具。保甲之练常备兵（普通称为团练），远在民初，当时目的不过在保境安民而已。不幸后来内战时起，军阀们利用团练来充实作战能力，不能不给办团领袖以种种权威和便利，在这种互相勾结利用下，造成现在若干害民的团阀来。[①]

团练，兴起于清朝晚期，其在四川的推行与四川省境内土匪猖獗的态势有关。在川内各军无法兼顾的形势下，四川民众为求自保，购置枪械，组织了治匪团体。由于办团是以户为单位，需要掌握确实的户口数据，团练自然与户政管理联系了起来。四川军阀在各自防区内，利用团练筹饷，并通过勾结办团领导人，把持户政以加强对民众的盘剥。当时，每县居民除年龄在 18 岁以下 45 岁以上及单丁废疾者外，都要按户出丁 1 人，所以在办团之风最为盛行之时，每县所辖几十场镇，每场镇各有常备壮丁，场小者数十名，场大者增至百名以上。[②] 1932 年，二十一军颁布的“团款三年计划”就对户政管理进行了安排，大致内容如下：第一年度，调查户口俾明壮丁确数，以得到正确的编制；第二年度，继续调查户口，完成枪支联印登记；第三年度，依户籍法使城乡户口，有完备之组织。[③] 二十一军通过团练对户口进行管理

① 先培：《四川县政之今昔观》，《新县政研究》，1936 年，第 228 页。

② 高孟先：《四川保甲之今昔》，《北碚月刊》，1937 年第 8 期，第 2 页。

③ 《二十一军之团款三年计划》，《四川月报》，1932 年第 5 期，第 166 页。

在四川地区仅为个案，虽不能用以作为普遍标准对其他防区进行一般意义上的套用，但从侧面也反映出四川军阀对团练的重视程度。四川军阀重视团练当然有其更为具体和直接的目的与出发点，但其行为的间接后果落脚在对户口的掌握之上。此时，四川户政头绪紊乱，"清户口、立机关"等户政建设工作，均操持于军政部门之手。

国民政府成立之初至1934年川政统一前夕，川内政局动荡。在这样的历史时期里，所形成的户政文献亦混乱不堪，作伪之处明显，以至文献中所载数据往往相互矛盾，调查不清。一般来说，对人口数据的统计是以基层造具上报的数据为基础，而表3-1中的统计数据可以反映出当时户政管理的大致情形：

表3-1　1927—1934年户政管理概况

年份	人口数（人）	资料来源
1927	76613000	海关人口报告　中国经济年鉴　1933年
1928	76613000	海关人口报告　中国经济年鉴　1933年
1928	47992282	民国二十年内政部估计数
1928	54010410	民国十七年各省户口统计总表　中国经济年鉴 1933年
1929	76613000	海关人口报告　中国经济年鉴　1933年
1929	45552814	立法院统计月报
1930	76613000	海关人口报告　中国经济年鉴　1933年
1931	76613000	海关人口报告　中国经济年鉴　1933年
1933	50766336	中华民国统计提要　1936年

资料来源：李世平，程贤敏：《近代四川人口》，成都出版社，1993年，第81页。

这一时期人口调查数据主要来自四川省政府上报和海关统计，其中以海关人口数据最为离谱，几年数据没有一点变化。另外，同年不同资料来源的统计数据之间也有不小差距。造成这样的局面，在笔者看来，大抵可能有以下两个主要因素：其一，军阀间干戈不息，各防区对于户政事务无暇顾及，导致在户政业务推进过程中所形成的文献资料、统计数据的不实不确；其二，四川民众对防区内户口调查心存顾虑，出现为逃避苛捐杂税而有意瞒报作伪等情形。对此，时人亦有类似评价："我国乡村人民，政治向不感兴趣，故不论户口普查或户口调查，在其心目中不外征兵纳税而已，此不独乡愚为然，即一般知识分子亦莫不如是。"①

二、户政与保甲的严密结合

1935 年 1 月，"国民政府军事委员会行营参谋团" 正式入川，由此四川隶归中央政府。在川政统一这个时段里，国民政府忙于对苏区进行大规模的军事"围剿"，结果却是屡屡失利。国民政府在反思之后，认为其失败的根结在于"专持军事，忽视民力，以致民众不能强调其自己力量"②。"蒋介石在指示各省政府举办保甲的令文中亦强调：'欲绝匪之根株，仍宜由举办保甲，清查户口入手'。"③ 这里所谓的保甲制度，是封建王朝以联保连坐的方式控制社会基层的一种政治管理体制。20 世纪初，清末"立宪"兴起，保甲制度的部分功能曾一度被当时的巡警制度所取代。尔后，又以"剿匪"之名于20 世纪三四十年代得以复兴。这时的保甲，虽在内涵与外延上与前代有所差别，不过仍保留其内核功能。当时国民政府在江西修水等县对保甲制度进行简单试

① 吴澄之：《本省选县户口普查与保甲之联系》，《县政》，1942 年第 6 期。

② 闻钧天：《中国保甲制度》，北京：商务印书馆，1933 年，第 525 页。

③ 李宗黄：《现行保甲制度》，北京：中华书局，1943 年，第 167 页。

行之后，随即在“剿匪省份”正式推行。鉴于川陕革命根据地的建立及红军长征路线经过四川的情况，四川被划为“剿匪省份”，自是在所不免。1937 年抗日战争全面爆发之后，西南地区成为抗战大后方，被冠以“民族复兴地”之名，在政治上又有“近水楼台”的优势，保甲制度在四川地区的推行倍受重视，其保甲编查成果一度在全国鹤立鸡群。据 1943 年内政部的一项统计，四川保甲编组总数占全国保甲总数的 1/5 ~ 1/6。[①] 保甲是以户为单位对基层组织进行管理，在兵役、赋税、社会基层管理中具有无可比拟的重要性。而保甲的施行必须以户口调查的结果为依据进行，因此，保甲势必与户政紧密地联系在一起。随着保甲制度在四川的全面推广，隶归中央政府后的四川户政也伴随着“保甲编查”这一形式，以保甲制度为依托拉开了其缓慢发展的序幕。

1935 年川政统一之后，四川省政府随即着手办理保甲事宜。自办理保甲开始，四川省各级政府组织的几次保甲编查均以清查户口为先导，其原因在于保甲是以户为单位进行编组的。时人指出：“保甲基础是在户口，现在各省保甲上方法，大都以户为单位，而户口不确实，则保甲徒成空洞。”[②] 1935 年，保甲制度在四川首次推行，南京政府并未根据四川省的实际情况进行量身定制，编查保甲的方案与基本形式还是依照 1932 年豫鄂皖剿匪司令部公布的《剿匪区内各县编查保甲户口条例》。

由于 1935 年的保甲编查在四川初次推行，准备仓促，因此，虽是按计划进行，但效果不彰，其结果难以令人满意。“欲求编

---

① 冉绵惠：《民国时期保甲制度研究》，成都：四川大学出版社，2005 年，第 123 页。

② 方申，李国维，鲍先德，等编：《新县政研究》，上海：上海汗血书店，1936 年。

查正确，可谓行之艰难”，“若一考其实际，则混乱不可名状，这是二十四年各县的普遍现象。”[①] 直到1936年年底，四川省多数县的保甲户口才得以勉强编查完毕，整个编查过程不尽人意。由于四川省刚刚打破防区制的樊篱，实行合署办公，保甲组织方面能力尚显稚嫩，保甲施行基本上照搬豫鄂皖之方案，并未立足于四川省情。再者，四川民众根据旧有之经验，认为每每出现户口调查，都有抽丁收税的可能，加之联保连坐的种种义务，大多对保甲心存疑虑[②]。另一方面，由于缺乏有经验的户口编查人员，且在人员委任安排上不够合理，办理联保连坐、查报各保各甲户口异动登记等事务，俱要保甲长亲自去处理，而保甲长平时还需要负担禁烟、建设、凿塘等工作，办理保甲事务显得力不从心。“种种的麻烦和痛苦，使得一般担任义务保甲长在百忙之下、在生活挣扎之中，弄得来消极辞职。”[③]

针对保甲制度在四川推广的问题迭出，国民政府也没有听之任之，随之制定应对方案，重点在人事与经费上。首先，在人员设置上，联保办公处设主任、书记、户籍员各1人，传达1~3人，役工1人[④]，以便从组织上进行完善。其次，对办理手段进行了改善，“在户口编查时，除由省政府特别训练大批调查人员分配各县应用而外，应向全省民众做广大宣传，然后分批分期进行”[⑤]。再次，保甲编查经费发生变化，在四川省政府成立后所召集的全省18区的行政督察会议上，规定保甲经费为每保5元。

---

① 高孟先：《四川保甲之今昔》，《北碚月刊》，1937年第8期，第5页。

② 同①。

③ 同①，第6页。

④ 胡次威：《四川民政》，四川省政府民政厅主办《县政》，1942年第2期，第14页。

⑤ 同①，第6页。

1935年，向保内民众所征收的保甲经费标准按照规定应是每保每月5元，每户每月所摊派的费用按保内各户财产等级进行划分。1936年，按照改订后的保甲经费收支办法，采取了更为弹性的标准，每保3～7元。此外，国民政府还加强了保甲编查的后续完善。要求以前各县编组，未尽完善者，令饬重新编组，至1937年，多数县已完成编查。时任四川省民政厅厅长稽祖佑在《一年来四川新政之推行》中回顾道："计至本年十二月底止，编查已竣，报到省府者共有一百二十八县，余因地处边区，尚待相当时间者，尚有二十一县，一设置局。"①

1938年，国民政府对四川省的保甲情势仍不十分满意，认为"川黔两省保甲办理已越两年迄未成功"②。但事实上，国民政府对于四川省保甲的多方经略，其成果此时已初步显现。根据李世平《四川人口史》中的统计数据来看，1935—1937年，四川省150个县和一个实验区的户口数字分别为9378607和52085011，这与《四川统计》第一卷第一期所载数据基本一致。李世平先生的数据是根据四川省政府编的《四川省概况》一书中所载的《四川各市县二十六年度保甲户口统计表》编列而成的。这样的情形，一改川政统一之前不同来源四川省人口数据之间相互矛盾、相差巨大的问题。这是自1912年以来首次包括四川省内150县和一个实验区的详细的联保、保、甲、户、人口的统计数据。③ 保甲制度依靠其准军事性的特征，一方面实现捐税、征兵、劳役的功能，另一方面从某种程度上也实现了户政功能，户政依托保甲编组这一形式，其实施获得了较为完善的四川

---

① 稽祖佑：《一年来四川新政之推行》，《北碚月刊》，1937年第6期，第1页。

② 《整理川黔两省各县保甲方案》，冉绵惠编《民国时期保甲制度研究》，成都：四川大学出版社，2005年，第211页。

③ 李世平：《四川人口史》，成都：四川大学出版社，1987年，第192页。

省户口统计数据。1937 年，四川省的户口统计数据，从某种程度上来说，也正是户政与保甲紧密结合、互为体用的结果。

1937 年，抗日战争全面爆发。国民政府处于内外交困的形势之中，对外要面对日本帝国主义的强大军事压力，对内则面临因战争所带来的巨大经济损失，要挽救日渐衰落的国民经济。1939 年，国民政府颁布《县各级组织纲要》，开始实施新县制。新县制是一种以“县”为基本单位的地方自治制度。这种“分县自治”的思想最早由孙中山倡导。进入抗日战争相持阶段，国民政府提出了“抗战建国同时并进”的口号。这时，保甲已被纳于自治组织之中，强化了基层政权，将重心由军事抗战转入政治建设。《县各级组织纲要》将保甲的功能进一步强化，扩充为“管、教、养、卫”四个方面。其中“管”与户政有紧密的联系，因为“‘管’的中心工作是清查户口，其它属于‘管’的工作都围绕着这一中心工作或从这一基本工作而附带完成之”[①]。同年，蒋介石成都行辕电令四川省防空司令部，拟订颁布了《四川省疏散区各县清查户口实行连坐法》，规定每户出具连坐切结，户长、甲长各 5 人以上，保长 3 人以上，分别签具联保连坐切结，实行联保连坐。

这一时期，四川省政府着手开始准备新县制的实施，并根据国民政府关于新县制在四川实施的要求，相应地制定了《四川省实施县各级组织纲要三年计划大纲》，将四川省新县制的实施过程分为三个分期，清户查口等户政中心工作被安排到了第一期，即 1940 年 3 月至 1941 年 6 月间执行。[②] 1942 年除了制定相应的实施县各级组织纲要三年计划大纲外，四川省政府还立足于本省省情，

---

① 西北研究社编：《保甲制度研究》，西北研究社，1941 年，第 108 页。

② 叶楷：《户口普查与四川省选县户口普查》，《县政》，1942 年第 6 期，第 7 页。

由民政厅牵头于1940年拟具了《四川省各县整编保甲清查户口实施办法》，在保甲与户政方面进行了较为详细的规定。同年11月，四川省政府复又颁布《四川省各县整编保甲清查户口实施程序》，将四川境内各县整编保甲、清查户口工作分为准备、实施和整理三个阶段依次推进，整个编查过程历时半年时间办理完成。在这段时间里，四川各市、县及乡镇各级政府，均全力办理这一工作，可以说这是四川自民国以来清查户口最为彻底的一次。①

1941年，内政部主计处拟定《户口普查条例》，并于1942年由国民政府修正公布，准备选县进行户口普查。选县户口普查的目的在于调查基本国势，健全地方自卫与自治组织，奠定户籍行政基础。② 经内政部主计处与四川省政府的磋商，在交通便利、距省较近、户口动态较少的原则下，选择彭县、双流、崇宁三县进行户口普查。此时，户政并未完全与保甲脱离开来，相反，户口普查与整编保甲的联系变得更加紧密了。“本省选县户口普查，本次户口行政总调整之主旨，首谋与保甲整编联系”③，这是时人对两者微妙关系的代表性认识。尔后，四川境内组织了多次户口调查活动，其保甲成果在全国范围内都是值得称道的。根据1945年《国民政府公报》所载的《各省实施新县制推行地方自治成绩概况》，四川在1945年的保甲数据为：保数63095、甲数562977，超过了办理保甲户口较早的浙江、江西等省。④

从川政统一至四川实施新县制，四川省户政业务基本是以保

---

① 冉绵惠，李慧宇：《民国时期保甲制度研究》，成都：四川大学出版社，2005年，第141页。

② 公安部户政管理局：《清朝末期至中华民国户籍管理法规》，北京：群众出版社，1996年，第150页。

③ 吴澄之：《本省选县户口普查与保甲之联系》，《县政》，1942年第6期，第23页。

④ 《各省实施新县制推行地方自治成绩概况》，《国民政府公报》，1945年。

甲户口编查为依托开展的，主要涉及清查户口、编订门牌等工作，是编查保甲的基础与首要任务，每一次整编保甲都伴随着户口调查。户政寄于保甲之下，有其独特的社会背景。国民政府时期是中国历史上政治局势较为混乱的一段时期，国共两党处于全面的对抗之中，即使是统一战线建立后，因为双方政治立场的根本不同，所以对抗形势始终未能得到转变。保甲对社会基层的管理有强大的控制力，能在社会生活中严密禁锢、统治民众，国民政府将其用于瓦解共产党的群众基础，户口调查和编查保甲主要用于防共反共。同时，保甲加强了国民党对基层政权的控制，强化了基层政权对人民的统治，而正是在这种行政强制力下，四川户政也以保甲系统为依托，随之得到发展，户政组织结构得到完善，为以后户政的进一步发展奠定了基础。

这一时期户政寄于保甲之下，户政与保甲之间的这种互动关系，使得户政在推进过程中产生的文献亦在合理化的兼顾与平衡中得到充实，无论在数量还是质量上较川政统一前都有了大幅度改善。从现存于各档案馆中的馆藏文献来看，这一时期产生的户政文献在内容上多与保甲关系紧密。在户政法规建设方面，产生了一些法规文件，如《四川省疏散区各县清查户口实行连坐法》《四川省各县整编保甲清查户口实施办法》等。而在户政人事建设方面，由于“户籍行政原属保甲人员主要任务之一”①，因此，现存档案文献中对那段时期户政人事方面的记载，从总体上看还是围绕着保甲人员展开的，内容涉及保甲人员的任命、安排等。另外，时人对于当时户政与保甲的联系有了一些认识和反思，出现于民政类刊物之中，如刊载于《县政》上的《本省选县户口普查与保甲之联系》，其作者吴澄之对四川省户口普查与保甲之

① 成都市档案馆，档号：38－16－13。

间联系的说法颇具有代表性：

> 四川省选县户口普查方案规定，户口普查与整编保甲同时进行，运用户口普查之技术，以严密保甲之查编，利用固有之保甲组织，纳其编查户口之意义与内容，以达到户口普查之目的，本省选县户口普查，本此户口行政总调整之主旨，首谋与保甲整编取得联系。[①]

三、四川户政的“现代化”进程

进入20世纪40年代，国民政府时期的四川户政走过了草创阶段，其户政业务的开展更是自成系统，不再只是保甲编组的附加品。户政也不再只为“反共”“防共”“剿共”之目的服务，其依据性支撑作用在国民政府办理诸大政过程中日益凸现。户政业务也出现与保甲编查并行发展的态势，其独立的地位渐渐凸显并为社会所认同。此时，走过混沌的四川户政也初具“现代化”的规模，体现在户政系统的日益完善和全国首次户口普查的筹备上。户政系统的日益完善促使了机构设置、人员管理、户政业务各方面的规范。1941年，选县户口普查在四川的率先试办，成为四川户政转型的一个关键性契机。四川选县户口普查的顺利举办，为首次全国人口普查的筹备规划积累了经验，打下了基础。四川户政作为试验地区也得到中央、地方两级政府在法规、经费、人力资源上的支持和协助，在逐步完善中迈开了“现代化”的步伐。其成就主要包括以下两个方面：

1. 户政机构逐步健全

1941年，四川省政府为健全户籍行政，训练户籍人员，彻

---

① 吴澄之：《本省选县户口普查与保甲之联系》，《县政》，1942年第6期，第23页。

底清查户口及办理户口异动及人事登记，制定了省政府施政纲领。将完善户政机构分为六步：

一、派员考察省内外重要县市户籍实施状况，并与内政部及主计处统计局切实取得联系，合力整理本省户籍。

二、制定户口清查办法，实行清查户口。

三、户口清查完毕后即办理户口异动登记。

四、确立户籍行政组织，于县政府设户籍室，区署设户籍指导员，乡镇设户籍干事。

五、制定户籍人员训练办法，分期调训各县县政府户籍室主任、区署户籍指导员及乡镇公所户籍干事。

六、根据户籍法精神，斟酌实际情形制定人事登记各项法规，办理人事登记。①

同年7月，国民政府内政部成立户政司，随后出台了《省市县各级户政机构充实办法》，对省级、市级、县级及乡镇的户政人员设置额度做出具体规定。1943年，为增强成都市户政工作，四川省政府令成都市政府裁撤户籍室，在民政科之下设第三股户政股专办户籍行政，警察局行政科户籍股改设户籍室，经费由市政府补助充实。②《省市县各级户政机构充实办法》出台后，省政府也相应做出修改。首先，省级户政机构在民政厅内增设户政科，称为第四科，该科又内设三股，专注于户籍行政，“第一股掌管机构人事经费，第二股负责户口静态调查，户政督导及国民

① 四川省政府施政纲领，《县政》，1942年第1期。

② 成都市档案馆，档号：38－16－11。

身份证登记，第三股掌户口动态，调查及户口统计”。[1] 其次，县级以下户政机构的设置依据的是四川省政府于 1940 年制定的《四川省各县设置户籍行政人员办法》及《四川省各县县政府户籍室组织章程》，规定各县市政府应设立户籍室，综合管理全县户政事务，在人事上“内设正副主任各一名，外设科员一人，事务员一人至二人，书记一人至三人”[2]，其中户籍室主任由民政科长兼任，副主任由统计主任或统计员兼任。1943 年，四川省政府准内政部函，根据各县市政府户政机构设置分歧情形，要求将户政机构进行统一，即在县政府民政科内设置户政股，取代原有的户政室，并发布训令以执行，“所有各县市局原设户籍室，自应遵照一律改为户政股，隶属于民政科，仍专室办公，以符规定”[3]。在人事安排上，按照《省市县各级户籍机构充实办法草案》，设专任主任一人，科员以下保持原有配备不变。再次，乡镇户籍人员的设置，依照《四川省各县设置户籍行政人员办法》的规定，在乡镇公所之内设置户籍主任一人，由副镇长兼任，另设户籍助理干事及户籍干事各一人，办理乡镇户籍事务，按照所在乡镇的保甲数及财政状况，至少设置户籍员两人，户籍员专职担任外勤工作，并与保甲长密切配合，担任户口查报登记事务。至此，省、市、县、乡镇的机构设置完毕。

2. 对户政人员进行培训

在机构配套的同时，四川省政府还非常重视户籍人员的培训，根据国民政府拟定的《各省市户政干部人员训练办法》制定了《四川省各级户政干部人员训练实施办法》，办法规定户政

① 胡次威：《四川民政》，《县政》，1945 年第 2 期。

② 同①。

③ 成都市档案馆，档号：38－16－11。

干部人员训练分省、县两级办理，并设专班办理，分别称四川省训练团户政干部训练班和某县户政干部训练班，训练过程中，省政府会派员协助督导办理。办法具体内容包括以下三个方面。（1）训练机构：班主任一人，省训练班由民政厅长兼任，县训练班由县市局长兼任；总干事由民政厅及县市局主管科长兼任；干事若干人，由主管科职员兼任；训练教官由班主任就所属高级职员中指派或就地方人士中对户籍有研究及经验者聘任。（2）训练课程：中央颁行各种户籍法规、本省各种户籍法令、各项统计图表、专业讨论、工作实习等。（3）训练经费：教职员膳食费、受训人员伙食费、讲义费等。[①]

训练班的开展为四川省培养储备了大批专业户政人员。户政人员在训练完毕后，由民政厅分配至各县服务，为包括乡镇长、副乡镇长、户籍主任、户籍干事、民政干事、户籍助理干事在内的乡镇户政人员灌输业务。为实际需要起见，四川省政府于1943年12月颁发《各县市局举办户政人员讲习应行注意事项》，规定各县市局召集各乡镇户政干部，举办五日至十日的讲习，并颁发《户政人员手册》，截至1944年11月，“已遵令办理者一百三十一县市局，参加讲习人数，五万一千七百二十三人”[②]。

国民政府倒台前夕，财政十分困难，各县市政府纷纷缩编人员，大多通过缩编户政人员来缓解户政经费压力，勉强维持户政业务的开展。这一时期的户政经费主要源自地方财政预算和中央补助两大项，以中央增拨分配，县市国税弥补，地方财政不能维持者，上报行政院核示，奉准执行。[③] 不过，此时的户政工作也

① 《四川省各级户政干部人员训练实施办法》，成都市档案馆，档号：38－16－11。

② 《县政》，1945年第2期，第47页。

③ 《三十五年度户政工作总检讨》，《户政导报》，1946年第3期，第80页。

并没有中断。

20世纪40年代至国民政府倒台，四川省的户籍行政格局较之以往发生了根本变化，这一变化并非是在保甲基础上以水济水的内部调整，而是呈现出跨越式发展的态势。这一阶段，户政不再完全依附保甲，更具独立性。而四川户政在机构设置、人员培训、业务推进、法规制定等方面的强化，使得户政活动中直接或间接产生的各类文献如雨后春笋，纷然涌出。

档案文献方面，以目前四川省档案馆、成都市档案馆、重庆市档案馆等处的馆藏情况来看，这一阶段产生的文献无论是在量上还是质上都远胜于20世纪40年代之前产生的文献，且在机构设立、人员培训、业务推进、法规制定等户政开展的主要方面均有涉及。与40年代之前产生的户政文献相比，另一个较为显著的变化，即档案文献中人口异动数据的大量产生。如在成都市档案馆馆藏的民国时成都市政府38全宗中，关于民政的16目录里存有相当比重的人口异动数据，成都市各区几乎每月要将该区内人口异动情况造具呈报。此外，登载人口数据的各种人口登记表册在结构上趋于繁杂。如表3-2所示，民国三十六年（1947年）的成都市户口异动表和民国二十七年（1938年）户口异动表在结构与内容上就有较大的更改，户口异动情况的登记种类大量增加，内容更为详细。

表3-2　1938年与1947年成都市户口异动表之比较

民国二十七年成都市户口异动表①		民国三十六年成都市户口异动表②	
联保别	类别	街别	项别
保甲	保甲数	正	号

① 成都市档案馆，档号：38－16－9。

② 成都市档案馆，档号：38－16－8。

续表

出生数			副	数
死亡数			户主姓名	
聚		婚姻数	由何处迁入	迁入
嫁			迁往何处	迁出
户		迁入数	移住街号	迁移
口			性别及与户主之关系	出生
户		迁出数	姓名及与户主之关系	死亡
口			姓氏及与户主之关系	聚
户		本月份户口实数	姓氏及与户主之关系	嫁
口			姓名性别及与户主之关系	收养
增减	户	上月比较数	姓名　性别及与户主之关系	招领
增减	口		姓名　性别　称谓	添招雇工
			姓名　性别　称谓	开除雇工
			姓名性别与户主之关系	寄住
			姓名　性别　月日	客来
			姓名　性别　月日	客去
			姓名及与户主之关系	他往

在期刊文献方面，国民政府时期四川省境内涉及户政内容较多的民政类、统计类刊物多在这一个阶段产生，较有影响力的有《县政》《北碚月刊》等，此外，全国性的户政专门刊物《户政导报》也是在这一个时期创办的。

总体看来，民国政府时期的四川户政真正走上发展的轨道，始于1935年川政统一。在国民政府经略下，户政的发展始以保甲户口编查之依托，继之以户政系统的完善，最后是全国人口普查的筹备，逐步开始了其“现代化”的进程。在这一过程里，所产生的户政文献与户政的展开大体相符，即户政文献所呈现出的特征与当时所处的户政环境特点一致。根据国民政府时期四川户政发展的规律，按时间轨迹可将户政文献的产生分为三个阶段：（1）萌芽时期，户政以保甲为媒介；（2）户政转型时期，以四川省选县户口普查为契机，四川户政局部的开展趋于标准化；（3）大发展时期，四川户政的发展达到顶峰，户政机构、人事、法规等要素逐步完善。尔后，随着政局的发展逐渐衰落。不同阶段所产生的文献在内容和部分特征上存在较为明显的分野，这为我们考察四川省户政文献及相关问题提供了恰当的参照。因此，本书将以此三个阶段为时间线索，分期并结合户政开展的主体要素，即机构设置、人员培训、业务推进等方面，对国民政府时期四川户政发展的基本轮廓及文献中所记载的重大事件、热点问题进行剖析。

下篇

文献视角下四川户政的实践与演进

第四章

“户政寓于保甲”——以保甲为依托的户口编查

1935年川政统一，四川地区军阀混战宣告结束，防区制得以完结。四川户政也随之从混沌逐渐走向标准化、规模化，有了较为正规的户口查记活动及相关记载。同时，中央政府为加强对全国的控制，在这一时期把保甲制向各省推行，全力办理保甲户口编查。四川省归隶南京政府，自然要遵照执行。户政寓于保甲之中，成为这一时期四川省户政的特色。这一时期无论是档案，或是期刊文献所记录的有关四川省户政的内容，都呈现出既有别于清末民初的警察户口清查，又不同于尔后标准化户籍行政的特征。笔者在第三章已对民国政府时期四川省户政发展过程做了大致考述，本章拟对1935年川政统一后至1942年四川省选县户口普查这个时段所产生的户政文献进行解读，并依据文献就这一阶段发生的重大事件及热点问题进行解读。具体内容包括：1935—1936年及1937—1939年的两次四川保甲户口编查，这两次保甲户口编查算得上是川政统一以来较大规模的人口调查；保甲长群体作为早期的户籍员的具体表现；保甲户口编查背景下成都、重庆两市的警察户口清查及表现出的基本特征。通过对这些问题的透视，勾勒出萌芽时期四川户政发展的基本轮廓，同时也能对这一时期的户政文献特点一窥其貌。

一、保甲与户政关系之探讨

1935年川政统一后，四川户政的发展，实际上有一个从酝酿、形成、兴盛到衰落的漫长历史过程。其酝酿、形成过程错综复杂，甚至还影响了四川省户政演变的基本态势。在20世纪30年代中期至40年代初的特殊时代背景下，四川省户政的发展呈现出特有的迂回性和弛缓性。四川省户政依托保甲，其萌芽在稀疏地慢慢显现，尽管还显稚嫩。从过往对于户政的研究中看，一般未把保甲纳入研究视野，户政的开展往往被视为一个独立的行政系统运作的过程，而这一认识现在看来至少是不全面的。现存的记载那个阶段户政的文献中，对于保甲也有较多涉及。因此，厘清保甲与户政之联系对于我们从整体上理解国民政府时期四川省户政文献中所记载的内容是很有益处的。

保甲在我国肇端久远。据考述，早在西周时就确立了什伍之法，规定“五家为比，十家为联；五人为伍，十人为联”①，孕育了保甲制度的萌芽。到了宋代，保甲制度正式确立实施，其以十家为保，设有保长；五十家为大保，设有大保长；十大保设有都保，都保又分有正副，掌管治内户口。保甲组织有着严密的控制原则，保内实行连坐法，其作用是寓兵于民，严格控制基层社会。此后，保甲在历代都有所演变发展。明代有甲里制，以一百一十户为里。一里中推人丁粮食最多者为长。清代有保甲法，以十家为牌，牌有牌头；十牌为甲，甲有甲长；十甲为保，保有保正。各时期保甲制度在内容上因袭相承，却有共同的特点，即保甲的实施，实际上是与户口紧密相连的，掌握确切的人口数据是开展保甲的重要基础。

户政与保甲的紧密结合也是国民政府时期户政的重要特征。大体上看，1935年川政统一之后，在中央政府的部署下，以“反共”“防共”为目的的保甲制度在四川省全面推广，户政系统也依托保甲逐步建立起来。初始的户政的开展主要表现为办理

① 《周礼正义（第3册）》，北京：中华书局，1987年，第881－882页。

保甲户口编查和户口异动登记，对于户籍及人事登记涉及甚少，户政业务几乎被保甲编组所代替。20 世纪 40 年代初，户政在机构、人员、经费、制度上得以完善，与保甲的联系更加紧密，特别是在四川省选县户口普查开始之后，户口普查与保甲编组几乎同时举办，“由四川省选县户口普查方案规定，户口普查与整编保甲同时进行，运用户口普查之技术，以严密保甲之查编，利用固有之保甲组织，纳其编查户口之意义与内容，以达到户口普查之目的”，“本省选县户口普查，本次户口行政总调整之主旨，首谋与保甲整编取得联系。”① 总的来说，保甲与户政的关系主要体现在以下三个方面：

其一，户政是保甲的基础。这一特征是由保甲系统的层级所决定的，作为社会基础的保甲组织，以保这一级向下推算，共分保、甲、户三级，而户口的清查是以户为对象，口系于户，而户为保甲之最基本要素。没有户，保甲自然无法凭空产生，对户口的确实掌握，理所当然地成为保甲推行的前端程序。

其二，保甲推动了户政的发展。保甲的推行也从某种程度上推动了户政的发展。最初，各区镇保甲人员对警局办理的户政事务并未过多过问，既缺乏充分常识，又无办理经验，“但户籍行政原属保甲人员主要任务之一，此次本市办理户籍及人事登记除调集镇保甲人员认真讲习外……并督饬及所属保甲人员均实从事工作与警局户籍员警会同办理，将来保甲人员办有成效时再由警局将全部工作移交市政府接办”②。在行政强制力的保障下，户政各种法规政策得到执行，保甲也为户政的开展进行了人力资源

---

① 吴澄之：《本省选县户口普查与保甲之联系》，《县政》，1942 年第 6 期，第 23 页。

② 成都市档案馆，档号：38－16－13。

储备，早期的户籍行政人员通常也是由保甲长所兼任。

其三，户政也拓展了保甲的职能。政治上，通过户口调查得出一定地区人口多寡，作为征兵征工的依据。经济上，可根据人口普查报告，了解人民的经济能力，有利于税赋的征收。总之，户政与保甲之间的这种互动关系，正是在合理化的兼顾与平衡中得到发展的。

二、两次四川保甲户口编查

时至清末，“立宪”兴起，地方自治呼声高涨。保甲制度在清末民初被弃，户口清查由警察机构主持办理。国民政府成立之后，保甲制度在“剿匪”之名下一度得以复兴。1931 年蒋介石在江西发动对革命根据地的“围剿”，保甲户口编查代替户政任务，是为保甲制度在国民政府时期运行之开端。1931 年国民政府在江西试行保甲制度。次年，国民党豫鄂皖三省“剿匪”总司令部制定《剿匪区内各县市编查保甲户口条例》，于豫鄂皖“剿匪”区内颁行。1935 年，四川政务回归中央体制，正式开始实行保甲。保甲制度在四川的推行按其推进程度可划分为两个阶段，其一是川政统一之后至新县制实施，即 1935—1939 年；其二是新县制实施之后，即 1939—1949 年。保甲是按户编制，因此，保甲的开展自然离不开户口，保甲编组与户口调查紧密相连。在 1942 年选县户口普查之前，四川省户政的开展主要寄于保甲，先后出现过两次较大规模的户口清查。现存文献对这两次户口编查都有不同程度的记录，笔者撮其要者，结合这一时期保甲户口编查的实施情况，对四川保甲户口编查的相关文献进行透析。

（一）1935—1936 年川政统一后的首次保甲户口编查

国民政府在全国推行保甲，各地在具体实施过程之中略有差异。新县制实行之前，主要有两种模式。其一，保甲编组以户为基本单位，实行的是县、区、乡（镇）、保、甲五级制，主要用于江苏、浙江等省。其二，保甲编组以户为基本单位，实行的是县、区、联保、保四级制，因以江西为代表，谓之“赣制”，主要用于河南、安徽、福建、湖北等“剿匪”省份。由于川陕革命根据地的建立及红军的长征路线经过四川，因此，四川自然被划为“剿匪”省份。

1935 年 6 月，中央政府令川、陕等省办理保甲，以“严密民众组织，实行坚壁清野，以提高军事效率”① 为目的。根据《四川省保甲概况》中的记载，四川省政府将全川划为 18 个行政督察专员区，每区设专员公署和保安司令部，专员兼保安司令，并兼专署所在地县长，另设专任副司令 1 人，县以下分区设署，每县 3 ~6 个区；各乡镇一律实行联保，设联保主任；乡以下编组保甲，10 户为一甲，10 甲为一保，以甲为单位，实行联保连坐。② 当时的联保连坐，侧重于反共防共。对于此次保甲编组，国民政府十分重视。据称，在开始保甲编组之前，四川省政府从川康团务干部学校自治研究班选取了 100 名优秀毕业学员，并加以两周的训练，尔后派往各县督办保甲。③ 由于四川省被国民政府划为“剿匪”省份，因此，实行的保甲制度为“赣制”。

这时的四川刚刚隶归中央政府，全川按中央要求统一推行保甲也属初次，但国民政府并未就如何保甲编组为四川省颁布量身定做的法规，仍以 1932 年 8 月豫鄂皖三省“剿匪”总司令部制定的《剿匪区内县编查保甲户口条例》（以下简称《条例》）为

---

① 《四川省保甲概况》，成都市档案馆，档号：38 -2 -176。

② 同①。

③ 冉绵惠：《民国时期四川保甲制度与基层政治》，北京：社会科学文献出版社，2010 年，第 29 页。

依据。《条例》作为普发性法令，目前在四川省档案馆、成都市档案馆均有存留。其内容虽不针对四川制订，却也是四川省首次保甲编组的重要指导性文件，对保甲编查的方法、组织、程序等方面做有明确的规定，是分析这一时期寓于保甲之中的四川户政如何经略的重要材料之一。

从内容上看，《条例》主要涉及三大主题，即其第一条所规定的“严密民众组织、彻底清查户口及完成剿匪清乡工作”①。主要内容包括以下几方面。

1. 严密民众组织

《条例》规定保甲编组是以户为单位，户设户长，十户为甲，甲设甲长，十甲为保，保设保长。在编组之时，各保是按该管区内原有乡镇界址编定，或合并数乡与镇编组一保。各户由各甲之一方起，挨户编组。如出现编余之户不满一甲的情况，五户以下并入邻近之甲；如不满一保，六甲以上得另立一保，五甲以下并入邻近之保。户长由该户内家长充当，甲长由该甲内各户长公推，而保长由该保内甲长公推。而保长、甲长的责任，也有详细规定。《条例》规定，保长由区长指挥监督，负责维持该保内安宁秩序，具体职务有：（1）监督甲长之执行职务事项；（2）辅助区长之执行职务事项；（3）教诫保内住户毋为非法事项；（4）辅助军警搜捕匪犯事项；（5）曾参加反动或曾受“赤匪”胁从，现已邀准悔过自新者之察看管束事项；（6）处罚违犯保甲规约事项；（7）分酌督率保内应办防御工事之设备或建筑事项；（8）执行规约上之赏恤事项；（9）处理怠职罚金事项；（10）经费之收支及预算、决算之编制事项。

甲长由保长指挥监督，负责维持甲内安宁秩序，具体职务

① 《剿匪区内县编查保甲户口条例》，成都市档案馆，档号：38－2－176。

有：（1）辅助保长之执行职务事项；（2）清查甲内之户口，编制门牌，取具联保连坐切结事项；（3）检查甲内奸宄及稽查出境、入境人民事项；（4）辅助军警及保长搜捕匪犯事项；（5）教诫甲内住民毋为非法事项。

在保甲编定后，保长应召集甲长开保甲会议，协定保甲规约。规约涉及以下几个方面：编制门牌、调查户口；境内出入人的检查取缔；匪患的警戒、通报及搜查；防匪碉楼、堡寨或其他工事之筹设；经费之筹集、征收、保管、支用及办理报销；保甲人员之赏恤。

2. 清查户口

《条例》规定四川省各省县长根据本县之实际情况划分为若干区域，限期编组保甲、清查户口。要求在编组保甲、清查户口期间，由该县县长遴派地方公正人士为保甲户口编查委员，分赴各区协同办理。编查员所需经费，由县政府酌量支给，不由地方供应。户口编查由县长监督，有以下三个程序：第一，编定及清查门牌由甲长执行；第二，复查由保长执行，按月至少一次；第三，抽查由区长执行，按季至少一次。此外，甲长保长对于各该保、甲内的寺庙、祠堂、教堂、教会、会馆、宿舍、船户及其他公共场所，应随时考察。在正式清查户口期间，按编定各户，挨次发给门牌，令其照填，张挂在户外易见之处，且不能遗失毁损。各住户在填具户口调查表时，要据实填写，不能隐瞒捏报。对于不明白填写方法或不能写字者，清查人员应详为指导，或代书后令其亲自按印。在户口编查完毕后，由县长统计填写户口表册，分为普通户口及外国人寄居中国户口、船户户口及寺庙户口。户口查竣后，保长应将保内壮丁人数呈报区长，转呈县长存查。

3. 剿匪清乡

《条例》规定各户户长应联合他户户长至少五人，共具联保连坐切结，声明结内各户互相劝勉监视，绝无通匪或纵匪的情况，如有违犯者，他户应即报惩办，倘瞻徇隐匿，各户愿负连坐之责。凡保甲内住民有勾结、窝藏“赤匪”或故纵脱逃者，除依刑法及其他特别法令从重惩罚外，凡甲长及曾具切结联保之各户长，罚以四日以上，三十日以下拘留。而对剿匪清乡做出重要贡献者，由县长转报省政府及剿匪总司令部，给予核奖或给恤，包括以下主要情形：侦悉匪徒来侵之企图；破获匪重要机关，或擒获著名匪徒；搜获匪党秘运或埋藏之枪械子弹，或大批粮秣者；协助军警抵御、搜捕匪犯而异常出力者；因检举匪徒致受伤报复，因抵御、搜捕致伤亡者。①

此外，为适应《条例》的顺利推行，四川省政府在1935年10月制定《四川省各县编查保甲户口限期进度表》（以下简称《进度表》），该《进度表》以《条例》为基础，在实施程序及时限要求上对此次保甲编组做出了更为细致的规定。按照进度表规划，保甲编查共分为三期，共4个月完成。第一、第二期并不清查户口。第一期为期30天，为编查保甲的准备阶段，主要内容为推广宣传、筹措经费、培训人员等，具体包括：向当地民众说明推行保甲的理由、意义及实施程序；筹备办理保甲编查经费；选派地方公正人士担任保甲户口编查员并召集区长、编查委员开办讲习会，讲解区长的责任、编查保甲的意义、办理保甲的程序；预先确定先行挨户编号的日期。第二期为期45天，编查保甲正式开始，主要内容包括：在不检查户口的情况下，先行挨户编号；各区区长与编查委员视察保甲编组情况，对欠妥之处加

① 《剿匪区内县编查保甲户口条例》，成都市档案馆，档号：38－2－176。

以纠正；推举户长、甲长，委任保长、联保主任；编定保甲经费收支预算；印制保甲编查的各种切结、表册及门牌等。第三期为期45天，主要内容是清查户口，了解户口异动。其程序大致为：

（1）各县县长召集各区长及联保主任，拟定清查户口的程序、日期。

（2）颁发清查户口的各种表册，并作填写方面的释义。

（3）各县县长监督各区区长及联保主任；各联保主任指导各保保长；保长指导甲长、户长依照《条例》，挨户编挂门牌，实施户口清查，并填写户口调查表册。

（4）各甲甲长分别将户口调查表册汇报保长，保长总汇后交给联保主任，联保主任复核后交区长。

（5）户口调查表册经逐级上报至区长后，各区长同编查委员实地抽查户口统计，再呈报县政府。

（6）区长督导各联保主任及保甲长对枪支情况、壮丁人数进行登记。然后汇报县长，经核查汇总后转四川省政府，分交民政厅、保安处备案。

（7）各县县长依照条例，填具户口统计表，呈报行政公署专员公署，并呈四川省政府，分交民政厅、保安处存查。

（8）各区区长指挥联保主任随督导所属保甲长确报户口异动情况。各县县长需亲赴各区巡视督导各区保甲长推行各项保甲任务。①

从《进度表》所载保甲编查方案来看，到第三期保甲编组开始代行户政的部分职能，对户口进行清查。这一时期，户长、甲长、保长、联保主任开始履行之后出现的户籍员、户籍干事、户籍主任的职责，除登记枪支、汇报壮丁人数外，逐级填报户口

---

① 《户政法规汇编》，重庆市档案馆，档号：0081－4－2796。

调查表册，确报户口异动情形。从《条例》及《进度表》上看，大致能从宏观层面对 1935 年四川保甲户口编查做一初步了解。可以看出，无论是前期的编组准备，还是后期户口调查的方式、程序、组织结构，四川省政府还是做有比较完备的方案。但实际的编查情况是否按照所制定的条例规定顺利执行，还需要运用更多的文献加以考察。

事实上，从时间上看，1935 年四川省各县的保甲编查并未按《进度表》之规定如期完成。1936 年 4 月，国民政府军事委员会委员长重庆行营参谋长贺国光就谈道："四川省已有 80 余县完成保甲编制。"[①] 从时间上推算，从蒋介石 1935 年 6 月饬令四川办理保甲至贺国光 1936 年 4 月的谈话，其间长达 10 个月之久，远长于《进度表》三个月完成之规定。从完成程度上看，也达不到《进度表》的预期要求，完成保甲编组的县仅为 80 县，仅占当时全省辖 152 县中的 52%。而从完成效果上来看，由于时间有限，又是初次办理，经验难免不足，加之四川地域广阔，人口众多，因此，保甲户口编查不甚精确之处所在多有。时任四川省民政厅厅长兼成都市市长稽祖佑在其文《一年来四川新政之推行》中这样描述道：

> 四川各县编查保甲，在二十四年内已由省府严厉令饬依限编组，惟以开办之初，急遽从事，编查多失精准，组织亦欠完密，以致保甲功能，不克显著，即适应当前环境之自卫工作，亦尚未完全做到。[②]

① 四川省文史研究馆，四川省人民政府参事室：《四川大事记》，成都：四川人民出版社，1993 年，第 432 页。

② 稽祖佑：《一年来四川新政之推行》，《北碚月刊》，1937 年第 6 期，第 1 页。

文中提到的“编查多失精准”，即编查不实的问题，在这次编组保甲过程中表现得尤为严重。从保甲实施来看，1936年11月，四川省政府分期调训全省联保主任的一次小组讨论会中对保甲在户口调查文献的困难进行了罗列，存在“丁口年龄不易调查确实”、“户籍员能力太差”、“插花地段受法令限制，不易整理”，以及“过去编查不实，整理缺乏经费”①等问题。此外“甚有保甲整编人员不深入农户调查核实户口，只是坐守联保处或保长办公处，仅凭保甲长口报数据编查保甲”②。而四川省档案馆所藏《金堂县县政考察报告书》则从被调查者的角度谈及之所以保甲编查效果不彰的根本原因，不无典型意义：

金堂开始编查时，人民不知用意所在，为避免兵役起见，丁口不实，年龄不实者约占十分之八九，至编定保甲以后，常发生三四户或六七户一次搬迁之事。因之保甲番号，时时发生变动，在异动登记未彻底举办以前，稽查登记，均感困难，以至第一步编查工作，即难彻底。此种情形，全川各县，恐亦皆同。③

除上述四川省行政机构对于此次保甲编查的检讨外，还有时人发表著述，对1935年四川的初次保甲编查结果提出看法。如嘉陵江区实验区署员高孟先，在其文《四川保甲之今昔》中这样总结和评论道：

---

① 《保甲训练》，1936年第1期，第24页。

② 《江津县政府第二区区署召开第三次区务会议记录》，江津档案馆县政府全宗，980卷。

③ 《金堂县县政考察报告》，四川省档案馆，档号：5-245/3。

四川土地广大，人口众多，而交通阻碍。文化程度参差不齐，社会习惯因地而异，而在此种环境之下，推行保甲，其所遭遇之困难，实有过之无不及，欲求编查正确，可谓行之维艰，故于省府限期编查之时，有的县份为敷衍功令计，不能不有统计，不能不有报告，在表面上似乎已经完成，若一考其实际，则混乱不可名状，这是二十四年各县的普遍现象。至今也还有二十余县未竣事的。①

高孟先认为该次保甲户口编查之所以效果不彰，其阻碍来自两个方面：一是四川地区的社会习惯与人民的素质层次；二是基层部门对于户口编查的贯彻力度不够。这一看法基本能与前面的文献所载内容相互印证。说明时人在总结编查经验后对于该次户口编查中出现的问题已达成了较为清楚的共识。在这一认知的基础之上，衍生出了改进户口编查的操作策略：

今后吾人须注意者，在户口编查时，除由省政府特别训练大批调查人员分配各县应用而外，应向全省民众作广大宣传，然后分区分期进行。第一步各县组织一编查委员会，筹备一切查编应需之物，然后分头实际工作，并向民众宣传查编意义（查编与统计）。第二步推定甲长保长联保主任讲解保甲长的责任，并组织各办公处。第三步由各区长县长新赴各地巡视，考察调查是否正确，编制是否适当。第四步在枪炮烙印，登记壮丁。办理联保切结，确报户口异动等，均须按步进行，一件办完，再办二件，如此保甲才能编制正确，基础才得稳固。②

① 高孟先：《四川保甲之今昔》，《北碚月刊》，1937 年第 8 期，第 5 页。
② 同①。

高孟先改进户口编查的这一观点，其基本思想也与四川省随后进行的全国首次选县户口普查时强调的扩大宣传、加强督导的理念不谋而合，有一定的概括性和科学性。总的来说，国民政府时期四川省的第一次保甲户口编查虽然按计划推行，但从现存的文献进行考察，该次户口编查在完成时限上有所迟缓，且完成度不高，加之政令执行不顺，导致保甲户口编查效果不彰。然而这些记载也正好说明，四川户政以保甲为依托，在这一时期已处于萌芽之中。

（二）1937—1939 年四川保甲户口的重加整理

1935—1936 年的四川省首次保甲户口编查并不成功。稽祖佑在其文《一年来四川新政之推行》中“急遽从事，编查多失精准，组织亦欠完密”① 的评价十分贴切。成都市档案馆馆藏中的《四川省保甲概况》对此做有回顾：

本省遵奉委员长行营颁定剿匪区内各县编查保甲户口条例，实行编联保甲调查户口以来，所费人力物力，可谓至多且巨。而现在尚有南充等二十一县，未报保甲概况，叙永等十五县未报户口统计，以致全川究有保甲户口若干，无从综核。即就已经依式表报以及户口异动登记亦经举办之县，一考其实际：或则改头换面，徒具保甲之虚名，或则一暴十寒，仅有零星之册籍。下层组织，既不健全，一切庶政，遂难推进。②

这也反映了国民政府对于这次保甲户口编查的基本态度，同时埋下再次重加保甲户口编查的伏笔。

---

① 稽祖佑：《一年来四川新政之推行》，《北碚月刊》，1937 年第 6 期，第 1 页。
② 《四川省保甲概况》，成都市档案馆，档号：38－2－176。

一方面，1937 年，抗日战争全面爆发，成为再次进行户口编查的另一诱因。由于保甲制度有团结民众进行战争动员之作用，因此，健全保甲组织就显得格外重要。“查保甲制度为团结民众，发挥自卫力量之唯一组织，亦为训练民众，奠定自治基础唯一途径。抗战期间，欲动员全体民众与推行战时行政，尤非整理保甲，清查户口，健全其机构，严密其组织，不足以收指臂相使之效。”① 前次保甲编查的情形完全无法与之民族复兴根据地的地位相符，国民政府对四川进行新一期的保甲户口编查已蓄势待发。

另一方面，国民政府军事委员会委员长重庆行营对于四川办理保甲的情况也并不满意，认为：

> 川黔两省保甲办理已越两年迄未成功，人力物力所受损失，几难数计。兴言及此，良用痛心。虽缘各级承办人员奉行不力，敷衍因循所致；亦由前此所颁各种法令系就腹地各省情形，规定行之边省，未尽适合。人治法治均欠妥善，以致辗转延误。本行营有鉴及此用，特采取前颁各种法令之精神，删繁就简，针对边省特殊情形，补偏就弊，制订方案，附以说明，作整理川黔两省保甲之基本法制。②

1938 年 1 月，国民政府军事委员会委员长重庆行营根据川黔两省情况颁布《整理川黔两省保甲方案》，并饬命四川依照此方案重新整顿保甲。为更好将其贯彻执行，行营同时要求停止执行之前的其他保甲法令。“在本方案颁行以前，三省总部及南昌

---

① 新津档案馆，档号：1938 - 5。

② 内政部：《内政法规汇编》，1942 年，第 273 - 281 页。

行营所颁布之各种保甲法令有与本方案相抵触者，均暂缓运用。”[①] 1938 年 1 月颁行的《整理川黔两省保甲方案》，共分七章，分别就组织方法、整理事项、保甲职员、户口异动、经费几个方面做出规定，其内容更加切合四川省办理保甲实际，相较《条例》，有了两个显著的改进。

1. 保甲长、联保主任的任用

四川省首次保甲编组的过程中，联保主任是由各保长公推，保长由甲长公推，甲长由户长公推。而《整理川黔两省保甲方案》规定联保主任由区长就该联保区域内遴选人员呈请县长委任，保长由联保主任就各该保内遴选合格人员呈请区长委任，甲长由保长就各该甲内遴选合格人员呈请联保主任委任。同时要求，联保主任、保甲长的选拔，须以各该保甲区域内，年满二十五岁，家世清白、品行纯正、体格健壮的人充任。这个规定要求各级保甲职员均通过选举产生，更能代表民意。另外，在保甲长的升迁上规定，联保主任任期三年，期满仍得连任，成绩优秀且与区长作用资格相符者，升任区长。保甲长的任期同为一年，期满仍为连任，成绩优异者，保长升联保主任，甲长升保长。

2. 登记户口异动

《整理川黔两省保甲方案》另一个重要的进步即是加入对户口异动的登记。规定各区在保甲编整完成后，应随即办理户口异动登记，呈报期范围分出生、死亡、迁入、迁出四种。之所以有这样的规定出台，是因为保甲户口编组完成之后，常发生三四户或六七户一次搬迁的情况。若不继续办理户口异动登记，出现人事变迁，那么之前所做编查工作便悉属徒劳了。

《整理川黔两省保甲方案》一经颁行，四川省政府即着手准

---

① 内政部：《内政法规汇编》，1942 年，第 273 – 281 页。

备保甲编组。并以此为基础，结合四川实际情形，制定《修正四川省各县整理保甲施行规则》，连同《整理川黔两省保甲方案》，通令各县市府一体遵照办理。同时，四川省政府总结前次保甲户口编查推行不畅的原因，认为“四川地区幅员广阔，各地区的情形不一，或是‘匪患未靖’，或是汉夷杂居，使保甲推行总生障碍，为合乎实际需要乃决定采取分期编整方法”，“各县于奉到整理方案及施行规则后，安全县份统限于三个月编整完成，至边远及匪扰与种族复杂县份，得分两期编整，即先将城厢及安全区域及各族同化区域于第一期内编整完成，再推及其他区域”①。

1938 年 12 月至 1939 年 3 月，民政厅曾两次派出人员前往保甲户口完成的县进行督导抽查，涉及 9 个行政督察区 80 余个县市。② 至 1939 年 6 月，四川各县上报完成保甲整编的县已达到 127 个。与第一次保甲编组相比，成绩有了大幅提升。对于尚未完成保甲整编的县市，四川省政府针对其原因曾做有相关分析。《关于四川省办理保甲案》中有较为详细的记载，主要原因有八：（1）边远县份人民文化水准过低，编整人员能力薄弱；（2）“匪患”太深，农村破产；（3）地方贫苦，经费十分困难；（4）保甲人员多不识字，他们对编查户口、呈报异动等工作办理不得要领；（5）联保区过广，有一个联保纵横二百余里者，造成守望不能相助，呼应不灵；（6）汉族和“夷族”杂处，人口居住十分分散，风俗习惯又各不相同；（7）“夷族人”语言不通，其习俗规矩牢不可破，政府委任的保甲人员不及其寨主和头人有威信；（8）这些边远地区的汉人多是内地逃去的土匪，其

---

① 《四川省政府施政情形总报告》，《新四川月刊》，1939 年第 4 期，第 12 页。

② 《四川省三十年度编查保甲户口纲要》，四川省档案馆，档号：5－121/3。

根性顽劣，智识尤其低，其治理困难程度甚至超过“夷族”。[①]

国民政府时期四川省的第二次大规模的保甲整编比起前次已有了明显的进步。四川各县市在整编完成之后，将户口调查数据呈报民政厅。根据《四川省政府施政情形总报告》中的统计数据，1939 年，四川全省 135 县 2 市保甲户口总数为：45706485 人，7451902 户，741746 甲，71947 保及 4508 联保。[②] 至此，经过两次大规模的保甲整编，保甲制度在四川省基本确立。四川省户政寓于保甲之中，得到了一定发展。

三、保甲长群体的记述

在 1935 年川政统一之后的两次保甲户口编查过程之中，保甲长群体处于官治系统和民间系统的交点，在政治沟通中扮演着极为重要的角色。张纯明在《现行保甲制度之检讨》谈道：“盖保甲之成功，不在形式之完成，而在运用之得法，但运用之得法与否，端赖得人与不得人，故人的问题实为保甲之核心。所谓保甲中人的问题，其中尤以保甲长为保甲组织之基干，至为重要。”[③] 而保甲编组过程中的重要内容——保甲户口编查、户口异动调查，是由保甲长群体完成，行使着类似户籍员、户籍干事之职责。也就是说，可以将保甲人员这一群体直接看成早期户政工作人员。因此，要了解保甲户口编查的进行程度，还需从保甲人员群体着眼。这方面的文献，特别是存于各级档案馆馆藏中描述基层情况的文献鲜活生动，可资利用。

---

① 《关于四川省办理保甲案》，第二历史档案馆，档号：2－1544。参见冉绵惠：《民国时期四川保甲制度与基层政治》，北京：社会科学文献出版社，2010 年，第 39 页。

② 《四川省政府施政情形总报告》，《新四川月刊》，1939 年第 4 期，第 12 页。

③ 张纯明：《现行保甲制度之检讨》，《行政研究》，1937 年第 3 期，第 220 页。

四川省在川政统一后的初次保甲编组中对于保甲长的任用情况，可以先从《条例》中的第十三至十七条做一宏观的了解：

第十三条　户长由该户内之家长充之。

第十四条　甲长由本甲内各户长公推，保长由本保内各甲长公推；但遇第六条第四款之情形，甲内住户逃亡未归者，得暂全二甲以上现住在家之户共推一人为甲长，俟逃户归来，再行分推。

第十五条　有左列情况之一者，不得充保长甲长：

一、年未满二十岁者。

二、非本地土著者。

三、有危害民国行为曾受处刑之宣告者。

四、褫夺公权尚未恢复者。

五、曾为赤匪胁从，虽邀准悔过自新，而尚在察看管束期间者。

第十六条　甲长之推定或变更，由甲内户长联名报告于保长；保长之推定或变更，由保内甲长联名报告于区长。甲长由区长加给委任呈报县长备案；保长由区长呈报县长加给委任，并由县长呈报该省民政厅、全省保安处及该管行政督察专员公署备案。

第十七条　县长查明保长、甲长不能胜任，或认为有更换之必要时，得令原公推人另行改推。①

根据上述的任用条件，可以看出，四川初次保甲编组之时，对于保甲长的要求并不算高，未有对文化水平、经济实力方面的

① 《剿匪区内县编查保甲户口条例》，成都市档案馆，档号：38－2－176。

要求。被推选者仅需年满二十岁，本地居民，政治权利未被剥夺，与共产党无瓜葛，理论上即可获得出任保甲长的资格。但也正是这一并不严格的人员任用标准，在某种程度上导致了四川保甲推进困难的局面。

保甲人员文化层次不高、文盲太多是造成保甲户口编查政令推行不畅的重要因素之一。《金堂县县政考察报告书》对此做过记载，“四川文盲太多，尤以保甲长不识字为普遍，此为目前推行保甲制度之大障碍，现各县对识字运动，率皆敷衍”，“一般人民智识低落，保甲长又多不识字，对繁复之异动登记表册，实难了解，可依据内政部所规定之人事登记表册，化繁为简，试办一个年度，二十六年再加改进”。①

1938 年国民政府军事委员会委员长重庆行营对保甲长的任用情况提出看法，认为：“过去联保主任由各保长公推，保长由各甲长公推，甲长由各户长公推，立法本意原欲以自治之机构发挥自卫效能，故各级保甲职员均出自选举，期其克孚众望，能代表民意耳。然以未受四权行使训练之民众，责令选举，非感情用事，各私所亲，即为土劣操纵，盲从附和。其所选者未必尽属克孚众望之人，以之充任保长尚难胜任，以之兼任联保主任则鲜不偾事。”② 因此，重庆行营于当年颁布的《整理川黔两省保甲方案》中做了相应修改，对保甲人选的任用规定集中于第十二条：

联保主任由区长就该联保区域内遴选合格人员呈请县长委充之；保长由联保主任就各该保内遴选合格人员呈请区长委充之；甲长由保长就各该甲内遴选合格人员呈请联保主任委充之。

---

① 《金堂县县政考察报告书》，四川省档案馆，档号：5－245/3。

② 内政部：《内政法规汇编》，1942 年，第 273 页。

联保主任、保甲长之遴选，须以各该保甲区域内，年满二十五岁之家世清白、品行纯正、体格健全而具有左列资格之一者，方为合格：

一、现在中小学校长教职员。

二、改良私塾教师。

三、商店店主或职员。

四、技术工人及自耕农之粗识文字者。

五、从事其他正当职业者。

六、具有资产而堪以自给者。①

根据《整理川黔两省保甲方案》，保甲长的任用可以在有一定文化层次或经济基础的群体里遴选，且规定联保主任、保甲长实行委任制，比之前保甲长的任用已有明显进步。随后，四川省政府制定《四川省各县保长甄选任免暂行办法》，在《整理川黔两省保甲方案》的基础之上，对省内各县保长的任免做了更为细致的规定：

国民年在二十五岁以上，家世清白，品德端正，身体强健而有左列资格之一者得请甄选保长或副保长：

甲、师范学校或初中以上学校毕业领有证书者。

乙、曾任公务员或在教育文化机关服务一年以上著有成绩而有文件证明者。

丙、经自治保甲训练成绩及格领有证书者。

丁、曾任自治保甲职员、小学教员或办理地方公益事务二年以上而有文件证明者。

---

① 内政部：《内政法规汇编》，1942年，第281页。

戊、经小学教员鉴定合格者。

己、高级小学以上学校毕业或有同等学历者。

庚、初级小学毕业，公正勇敢，热心公益富有办事能力及经验者。

辛、在地方办理社会事务著有声誉者。[①]

上述法令虽对保甲长的素质提出了更高的要求，但保甲长职务定位不高的问题却一直未得以解决。如《条例》中第三十三条明确规定："保甲职员均无给职。"《整理川黔两省保甲方案》及《四川省各县保长甄选任免暂行办法》也未就这一问题提出方案。保甲长地位与责任严重不相平衡，保甲人员待遇、地位低下，使得他们日常工作积极性不高或根本不愿出任保甲长职位，所以保甲长的任用并未如上述法令规定般执行顺利。对此，在档案文献中可以找到这样的描述：

今之保甲长，政府仍以昔日之地保视之，吏警下乡，颐指气使，稍不如意，诟言立至，政府委员，更无论矣。军队过境，勒派人夫，薪水刍粮，勒令供应，稍缓时刻，即肆意殴辱。词讼小事，指为佐证。报案听审，行同犯人。有司勾摄人犯，往往正犯逃逸，辄滥拘保甲长限期勒交，人犯未获，家已破产。他如征兵、征夫、派捐、募债、催赋、丈田、仓储、合作，举凡政府及于人民之政，无不惟保甲人员是问。为保甲人员者，终岁奔走辛劳，只落得上为政府之牛马，下为人民之怨毒而已。[②]

① 《四川省各县保长甄选任免暂行办法》，重庆渝北区档案馆，档号：03－1940－15。

② 《县政抉要》，四川省档案馆，档号：5－84/3。

另外，由于缺乏户口编查人员，且在人员安排上不够合理，办理联保连坐切结、查报户口异动登记，都要保甲长去处理。因此，保甲长除平时的户口编查、异动登记外，还要负责平时建设之烦琐工作。试举一例，成都市政府所颁布的《成都市各镇保甲人员应行注意事项》中，对保甲长的工作内容有如下规定：

（一）劝告市民疏散。各街住户，多未遵令疏散，务须谨速劝告市民赶紧疏散，否则强迫执行。

（二）照额征送壮丁。各镇保应征送之壮丁，务须按月如数征送，依限送交，不能迟延，以重役政。

（三）加紧疏淘阴沟。各街阴沟，务须谨速通知住户疏淘，淘出泥沙，并应随淘随运。

（四）封闭各街厕所。各街已封闭之厕所，务需通知该厕所业主，将蓄粪清除，并用石灰洒布，再用木板钉封，如再有毁坯封条潜行入内者，查拿送究。

（五）整理太平水桶。各街原有蓄水桶太平缸，多有损坏，务须谨速修好（每甲至少一个）贮满清水，每二日换水一次。

（六）肃清街面死鼠。各街面常有死鼠发现，易滋传染，务须随时注意巡查，一经查觉，立予掩埋。

（七）严禁当街晒衣。各街住户常有当街洗衣晒衣及乱泼污水，既碍市容，复损平道，务须家喻户晓，随时查禁。

（八）取缔倾圮房屋，各街破烂倾圮房屋，既碍市容，且滋危险，务须通知业主，立予拆卸或修建。

（九）保护避难室坑。本市沿城墙修筑之避难室及各处之避难坑，务须切实保护，以重空防。

（十）砍伐各街枯树。各街公有枯树，务须查明，报请本府派员勘验，予以砍伐，私有枯树，务须通知业主，迅予砍伐。[①]

正是由于上述情况，“种种的麻烦和痛苦，使得一般担任义务保甲长在百忙之下、在生活挣扎之中，弄得来消极辞职”[②]。

再者，公正人士出任保甲长，付出艰辛之后，却连自身安全也未得相应保障，因公受伤遇害的情况屡有发生。笔者根据档案所载，试举一例：

查职区于本年十月十日据第七保副保长周汝东呈称，“查职保正保长单必成于本年十月八日晚八时许，与新任市参议员周震东由本市青龙巷返家时，行至中途，突来身着长衫之暴徒一人将该保长当时击倒，即抬入公立医院施救，于当夜十一时许毙命，理合报请钧所转呈公安局迅赐派员缉凶以重人权呈”，等情据此查该保长单必成任职以来，卓功绩著，任劳任怨，因公遇害，恳祈钧府赐予抚恤，并通令缉凶以慰阴魂而重人权。[③]

而公正人士不愿出任保甲长之职，随之亦出现“一般不肖之徒又多以保甲长有利可图，百般钻营”[④] 的情况来。时人对这一现象有这样的描述：“返顾今之保甲人员，洁身自好者，固不可谓绝无其人，而寡廉鲜耻朘民自肥者实居多数，殷实老成，负有乡里重望者恒视为畏途，或情或贿，百计营脱。以保

---

① 《成都市各镇保甲人员应行注意办理事项》，成都市档案馆，档号：38－2－181。

② 高孟先：《四川保甲之今昔》，《北碚月刊》，1937 年第 8 期，第 6 页。

③ 成都市档案馆，档号：38－2－33。

④ 徐矛：《中华民国政治制度史》，上海：上海人民出版社，1992 年，第 425 页。

甲重任付之一般乡里不齿之土豪劣绅，宜人民之受其鱼肉也。”[①] 而此种情况不唯出现在一般乡镇，如成都一般的大都市，不肖之徒、地痞流氓争任保甲长的情况也颇多。档案对此现象做有这样的记载：

为联名协恳示期选举保长保代表一案祈允准核示由

查本保保长被害后，遗缺无人。本月六日，钧府令派黄指导员浑如莅保，假青龙街广益小学召开选举事宜。蒙黄指导员谆谆：缕示，民等均感兴奋，旋即推举临时主席，由本保户长黎仲夫担任。民等发觉候选人名，多不合法，如李明亮、董永昌二名，久已未在本保居住。李伦五则系吞蚀本保三百六十斤平价油之地痞。同时参加竞选之白体乾，亦非人众所公认。遂将各项提案，分别提出动议，经指导员及区长副区长主席等，解说“本日专选保长，保代表下次定期再选”。民等自应遵守，殊于发散选票时，白体乾等人以为当时有伤其脸面，怀念不满，趁填票时，大呼散会，不准填票，继则公然阻止，致全场秩序紊乱，纷散去。区长指导员主席等竟至无法维持，窃思保长及代表人选，系异常慎重之事，一保之事能否推动及人民痛苦能否解除，其关系之大，实所难言，民等为慎重民权计，为全保利害计，以是联名协恳钧府准予保长保代表同时选举，并迅行决定选举日期，派员严格弹压会场秩序，不胜□切之至，谨呈。[②]

从这份档案中可以了解，即使是在成都这样的市级城市，保甲长的骨干也多由土豪劣绅、不肖之徒、地痞流氓组成，在其他

---

① 《县政抉要》，四川省档案馆，档号：5－84/3。

② 成都市档案馆，档号：38－2－33。

县、乡镇一级，情况不免更加恶劣。这样的情况给人民生活造成了极大影响。除争任保长以牟取权力外，也有不少关于保长残害人身自由的具体描述：

为党员李孝忠被六区保长枪伤一案函请贵府彻查究办

案据本会直属第二十九区分问部呈称：本年九月二十三日夜案据本部党员报称：孝忠本日帮青龙街广益小学作木工。晚饭后收工回家，自校内出来，值六区候选人谈话，会在校内集会，此时已告终，孝忠路经其侧，不料六区六保保长吼问，"干什么的"，答以工人，张保长怒嗾手下哥老弟兄将孝忠抓住殴打，张奎光复亲自用枪尖乱戳，将孝忠项上打伤。周身拳足伤痕已遍，孝忠莫可如何，请求依法主张公道等情，据此经查均属实情。查此民主怒潮高涨之际，该张奎光持六保保长之势残害人身自由实为法所不许，特转恳钧部□鉴核准予转函市府依法将张奎光查办等情，前来相应函请贵府彻查究办并希赐复为荷。①

土豪劣绅、不肖之徒、地痞流氓出任保长、鱼肉百姓的情况时有发生，除上述出现的恶劣现象外，各地保甲人员假借保甲之名征收钱粮赋税、摊派劳工力役之事不少。四川省政府对此也相当头痛。时任四川省民政厅厅长胡次威谈道："详察各县市局乡镇人事仍属未臻健全，至贪赃枉法之事层见迭出，试阅省府控案即可知之。"四川省政府主席刘湘也曾发出公告指出：

① 成都市档案馆，档号：38－2－33。

本省过去因政失常轨，防区林立，人民既苦于驻军之征□，复感受土劣之胁迫，以至农村经济崩溃，生计陷于绝境，自去岁川政统一以来，本府即首将苛□通令取消，不准各县私擅筹款，原期减轻人民负担，恢复地方原气，乃近据报各市县保甲人员仍有私擅筹款情事，或籍口款少事繁，暗向人民需索，或因缘地方不靖，擅行筹派，甚至有巧立名目，私擅筹款至十余种之多者，言念及此，殊堪痛恨。①

以刘湘名义发布的公告基本上代表了四川省政府对于保甲长不端行为的基本态度。为规范保甲款项征收问题，四川省政府还做出三项规定。第一，各市县在征收任何专款之前，必须先由市县级政府或主管机关造具预算书，呈请省政府后公布征收。第二，各市县级政府在征收省政府核准的款项时，须由财务委员会发出征收票据，以着重其事。第三，凡收款人员，须持有加盖市、县政府印章的票据，才能向人民收款，如果人民未见相关印章不得交款，否则与收款人员同受处罚。② 对土豪劣绅、不肖之徒借编查保甲之名为害人民的情势，四川省政府并不愿意听之任之，希望通过出台法规避免这样的情况再度发生。但观照在此之后保甲整编的运行情况，实际收效不大。

通过对上述文献的爬梳整理，我们大致可以对当时保甲长群体做一个概况性的认识。一方面，从国民政府军事委员会委员长重庆行营及四川省政府颁发的一系列法令来看，国民政府一直试图对整编保甲的人员情况进行改善和规范。但由于保甲人员地位未得到确实保障，加之日常事务繁重，因此，存在一般公正人员

① 成都市档案馆，档号：38 –16 –1796。

② 同①。

不愿担当，或是出现积极性不高的工作态度。另一方面，不法人员却借机假公济私，为害民众，使得保甲长群体的素质在整体上并没有一个根本的提高。“惟以事务繁重，待遇菲薄，贤者不为，为者多不贤”① 便是这一时期保甲长群体的真实写照。保甲制度推行过程中人员弊端的持续存在，使得保甲编组之结果无法做到精准确实。

四、成都、重庆两市的警察户口清查

川政统一后，四川受国民政府指令推行保甲，全省各县的户口调查等户籍管理工作几乎为保甲户口编查所代替。但是，当时四川省的成都和重庆两市，其市区保甲户的编整与各县有所不同。两市在办理保甲户口编查时，户口的调查并非完全被保甲户口编查所代替，而是由警察机构主持，也就是说，保甲户口编查的同时，警察机构负责的户口调查活动仍在继续。在 1936 年四川省第一次保甲编组结束后，各县普遍推行不利，全川人口数据整理不甚完备的情况下，四川和成都两市保甲户口编查有了明确的数据产生，如表 4-1 所列：

表 4-1　重庆市、成都市保甲户口编查数据

市别	区数	联保数	保数	甲数	户数
重庆	6	36	308	3173	91843
成都	5	31	210	3550	85756

资料来源：《四川省保甲概况》，成都市档案馆，档号：38－2－176。

成都、重庆两市的户口调查之所以呈现出与全省其他县保甲

① 娄和亮：《县政意见书》，四川省档案馆，档号：5－76/3。

户口编查相悖而行的态势，大约与警察机构仍办理户籍调查不无关系。1935 年，在两市警察机构办理保甲的同时，户口调查也随即展开，其目的与办理保甲编组相适应，重在“清乡剿匪”。事实上，就户口调查本身来讲，其内容一般涉及户籍管理和人口登记，与“清乡剿匪”并没有发生直接的联系。但是通过户口的调查与保甲编组的配合，能够达到对人口活动进行限制的目的。这种限制对国民政府在四川地区的专制统治及社会治安的稳定有着十分重要的意义。表 4-2 是对保甲编查与户口调查对象的一个简要罗列：

表 4-2　保甲编查与户口调查对象之比较

保甲方面	• 编制标准：规定保甲以户为单位，其编制标准如下：甲、应以十进制为原则，即十户为一甲，但在户口密集之地（如城市及场镇），得采用最高数以十五户为一甲，在户口稀少之地，得采用最低数以六户为一甲。乙、保应以十进制为原则，即十甲为一保，但在户口密集之地（如城市及场镇），得采用最高数以十五甲为一保，但在户口稀少之地，得采用最低数以六甲为一保，均应兼顾其历史关系及自然条件。 • 特编保甲：山谷畸零居户在邻近五里以内不满六户者得编为特编甲，邻近十里以内不满六甲者得编为特编保。 • 临时保甲：矿场附近及滨江河流动靡常之居户，应于迁入时，由所在地保长随时登记，于临时户口调查表，已满六户者暂编为一甲，已满六甲者暂编为一保，俟月终再依前条之规定编为临时甲或临时保。 • 暂时他往居民甲户番号：甲内有全户暂时他徙者并应保留其甲户顺序，俟归来补编之。 • 编保时特重视自然环境：各保应就该管区域内乡镇自然界址分表编制，不得分割本乡式本镇之一部。

续表

户口方面	• 临时户：规定流动靡常之户为临时户。 • 船户：规定以船为家而在陆地上无一定住所者为船户。船户以一船为一户，但以在陆上无一定住所而系以船为家者为限。 • 寺庙户：以一名称为一户。称寺庙者，凡寺院、庵庙、宫观、禅林、洞刹、教堂、教会、清真寺等属之。 • 公共户：公共处所以一名称为一户，称公共处所者，凡公共户，凡公署、兵营、监狱、学校、工厂、祠堂、会馆、公所及其公共处所均属之。 • 普通户：规定同居而共同生活之住户铺户为普通户。普通户指同居共同生活者而言，其立户标准如下：同一门牌内（指街村镇之门牌）分居数家而不同者以数户计；异户者无论何种亲属关系以各户计；店铺以一招牌为一户，无招牌者以门牌计。 • 一户内另有不同性质之户的编查：按其性质分别立户，寺庙或公共处所内有其他居户者仍就各户编查。

资料来源：彭梓成：《部颁县保甲户口编查办法与四川省各县整编保甲清查户口实施办法的比较观》，《县政》，1942 年第 6 期，第 37 页。

通过表 4-2 可以看出，在进行户口调查和保甲编查的时候，各种身份地位的人群都要被编列其中，形成一个遍布各行业、各种职业者的联系网络。这一网络通过保甲联保连坐的方式得以聚合，便于进行严密的监控，实施匪患之警戒、通报、搜查等事项。“保长、甲长知户口有异动，或接受保、甲内户长或住民之通知时，除由甲长速报保长转区长外，并为先为搜索、逮捕之紧急处分。”①

成都市档案馆馆藏的警察局全宗里一份档案，详细记录了四川善后督办公署对时任公安局长侯建国签发的命令：

① 《剿匪区内县编查保甲户口条例》，成都市档案馆，档号：38－2－176。

现值剿匪军事甚形紧张之际，省会治安尤感重要，关于市民丁口之统计，往来迁徙之调查，应将户籍一项继续认真办理，始□以资孜核，而杜乱源。①

在接到四川善后督办公署的命令后，侯建国随即开始着手进行户口清查，并在随后颁布的《提议清查户口之意见书》中提出清查意见：

剿匪军事紧张期间，成都为省会道要之区，治安更觉重要，维持治安，首在清查户口，早为各界所洞见，盖以户口清查严密，一般宵小方不能藏影匿踪，作奸犯科乃可消患于无形，殊历次办理次事时，□时续皆无成效，今警备部将户籍处归隶公安局，职责所在，该局自当负全责，积极进行办理，务期于最短时间抵于完善用符，各界期望办理之法，除由该局策划进行外，尚希各位随时协助指导个人办理此事，有下列数点意见：

1. 清查户口事务纷繁，应由各街公推公正热心办事之士绅数人帮同公安局清查该街户口，方易明悉情形。

2. 请本市各区国防人员辅助公安局办理该区清查及稽查事项。

3. 公安局依照法规手续清查户口，遇有人民不明真象拒绝清查时，应请各绅详明开导。②

与此同时，还另公布《公安局清查户口进行办法》。办法规定，拟办理的清查事项包括：办理普通登记、编定连环保、举行

① 成都市档案馆，档号：93－4－518。

② 《提议清查户口意见书》，成都市档案馆，档号：93－4－518。

个别调查、实行迁移证、办理人事登记五个方面。清查程序为：

（一）令各居民先行散发传单，说明清查户口之重要，并告知填表方法；

（二）先以二周为宣传期，期间务使人民明了清查意义，免生误会便利进行；

（三）派定各分署巡官一员专任其责，督导警士办理户口登记事宜；

（四）在未施行前，先集合负责办理清查之巡官详细告知清查方法；

（五）每署拟定平均担任清查二十条街，每街平均定为二百户，每日平均清查一街，大约二十日即可清查完竣。[①]

随后，四川省会同公安局又公布《清查户口时应注意事项》，对公安局清查户口做了进一步的规定：

一、清查时态度宜镇静和平，不可粗暴慌张。

二、清查时言语宜温和，询问宜详明。

三、应清查之处所：1. 新迁来之住房；2. 杂院；3. 旅店；4. 轿铺；5. 寄宿；6. 妓馆；7. 空房；8. 工厂；9. 车夫住宿所；10. 烟馆；11. 雇工介绍所；12. 庙宇。

四、应注意清查之人：1. 素行不正者；2. 无正当职业而用费奢侈者；3. 素贫暴富者；4. 非家属杂居者；5. 新来来历不明者；6. 其它形迹可疑者。

五、清查时如门牌所注人口与现有人口不符或无门牌者除另

① 《公安局清查户口进行办法》，成都市档案馆，档号：93－4－518。

饬补领外，务从严根究。

六、清查时遇有上项所列之一者除于清查□备考栏内标以□符号外应立即送局。

七、清查时遇有携带武器而无证据者，应将人枪一并送局，不得当地争执。

八、职业状况栏内应将现役何业及每月收支数目一并填□。

九、各街委员及一般人士如见有可疑事件及可疑之人，务望随时随地通知就近警署以便办理。①

1937 年抗战全面爆发，12 月四川省政府奉行营指令将市级保甲划归市府直接管理。这时的警察户口清查仍未结束，而保甲的开展也不甚顺利。当时成都市第四联保二十三保保长张允明就在给西三区联保主任的呈文上这样说道：

成都市之保甲前本隶于警察管辖之下，而调查户口一事则警察与保甲共同办理。自去岁保甲拨归市府管辖后，所有户口调查表全存于警察所，而保甲等则一册未存，以至于今户口皆未清查，所以一塌糊涂，如不再急速设法办理，将来更难办矣。且前方抗战，殷后方户口一事尤应彻底清查，恕免汉奸混迹，盗匪潜踪。②

在成都市保甲办理不畅的情况下，各保纷纷提出意见，而意见都与同一主题相关，即如何加强保甲编组与警察户籍调查的联系。如成都市第三区四联保各保长提出的意见：“市府设保甲股

① 《清查户口时应注意事项》，成都市档案馆，档号：93 - 4 - 520。

② 成都市档案馆，档号：38 - 2 - 181。

办理保甲，警局设立户籍股办理户籍，于保甲组织之健全与法令之推行职权虽有明晰之划分，工作尚乏切实之联系，故不无影响。”又如第一区二联保十三保各甲长的意见：“市府所属保甲，未直接办理户籍，于推行法令，调查户口诸多未便，应请警察局户籍股与市府保甲股切实沟通联系或由市府办理户籍。”① 为此，四川省党部曾发函四川省政府：“查户籍与保甲截然两事，乡间因无办理户籍专人，保甲长兼办户口异动亦系权宜之计，都市当以分工为是，但应互相取得联系以利进行，函达查照即希转饬成都市政府注意改进为荷。”② 四川省政府亦于1937年11月命令成都市政府会同警察局将该市保甲户口编查与户籍清查，妥善拟定联系办法。随后，《本市户籍与保甲联系办法》出台，具体如下：

一、各镇管辖区域之编制，应与各分驻所调整一致。

二、各分驻所办理户口异动登记，应由外勤户籍警逐日将存根通报保甲处，并盖保办处图记备查。

三、各甲内如发现新增户口及迁移出生死亡等异动，并未经保办处通知者，该甲甲长应即报告保办处，通知该管分驻所。

四、区域内发现可疑户口，应将可疑情形相互通知，并加监视。

五、凡承办户籍及保甲人员有异动时，应相互通知。③

从上述文献可以看出，这一时期的四川户政在各县都是被保

① 成都市档案馆，档号：38-2-181。
② 同①。
③ 同①。

甲户口编查所代替，而在成都、重庆两市是两者并行实施的态势，相比保甲整编的混乱情况，警察机构承接清末民初警察户口清查之余绪，在人员设置、调查方法等诸多方面优势明显。这一特殊环境下产生的文献，也为我们研究“户政寓于保甲”时期四川户政普遍规律下的个案呈现出的差异性提供了可资参考的依据。

第五章

四川选县户口普查——四川户政转型的典型

川政统一后的四川户政相较前代有了清晰的变化，保甲在四川户政发展初期的作用明显，应是研究户政必所关注的重点。但从文献上来看，四川户政的现代化仍是以20世纪40年代初开始的户政建设为契机逐渐发展而来。而40年代初的四川省户政实践，虽不及国民政府末期户政之发达，但从整体上来看仍在户政转型这一过程中发挥了承前启后、开创路径的作用。再有，时人对于户政问题各抒己见，激烈探讨，也是在这一时期开始蔚然成风气的。40年代初，四川省在中央政府的经略之下，社会趋于安定，经济、文化有所发展，四川户政的态势发生了显著的变化。一方面，这一时期，抗日战争进入相持阶段，国民政府开始实行新县制，保甲已被纳于自治组织之中，国民政府对于保甲推行的强烈关注暂时失去紧迫性。国民政府于1939年9月公布《县各级组织纲要》，普遍调整县以下各级组织，在全国实行新县制。在其中就解释道：

就新县制之机构而论，无论为县乡镇保甲之执行机构，或各级民意机构，皆为人而设者也，就其运用与目的而论，所谓管教养卫者，管民，教民，养民，卫民也。又地方自治开始实行法，以清查户口，立机关，定地价，修道路，垦荒地，设学校六端为主。所谓清户口，立机关，设学校，以人为对象者也；定地价，修道路，垦荒地，以地为对象者也。新县制之不能脱离人地关系而言政事，亦彰彰明矣。[①]

另一方面，中央政府对外要面对日本帝国主义的强大军事压力，对内则面临战争带来的巨大经济损失，更需要以户政的实施为依据为诸大政的开展提供帮助。于是户政为了适应业已变化的客观环境，将其体系逐渐完善。正是在这一历史局面之下，四川户政向着“现代化”的方向一路走去。

纵观40年代初至国民政府在大陆败退的这一时段，笔者从收集的档案、期刊文献来看，发现四川省有过多次户口普查的经历。在这些户口普查的尝试之中，1941年四川省开始着手筹备的全国首次选县户口普查算得上是国民政府时期户政创辟规模、奠定基础的重大事件，值得特别关注。遗憾的是，目前学术界关于这一次选县户口普查的研究至今仍处于开创时期，尚无专门的论著产生，即便是有一些著述有所涉及，往往也仅是人口数据的罗列，未对该次选县户口普查的来龙去脉做更多深入的探讨。因此，笔者专门设置本章，将四川选县户口普查作为个案进行分析，这对了解转型时期的四川户政来说，不无典型意义。另外，就目前的文献来看，对于该次选县户口普查的文献记载相对集中，同一来源文献之间联系较为紧密，如《县政》中就有专号对四川首次选县户口普查进行刊载。本章拟通过对这些文献的透视，从四川选县户口普查具体实施的情况及时人对此的基本看法为切入点对此次选县普查进行考察，大致还原其整个过程。

---

① 叶楷：《户口普查与四川省选县户口普查》，《县政》，1942年第6期，第8页。

一、往期户口普查的简单回顾

户口普查，是以科学的社会调查方法，在指定的标准普查时间内，查记整个国家领土范围之内所有人口的静态状况，如户数、人口数、性别、年龄、结婚状况、教育程度、职业分配、健康状况及其他关于人口属性的各种事项。普查后的结果，即取得确实的人口数据，确定人民的身份属籍及明了人口分布情况，是政府办理户政业务、开展人口普查的最直接目的。同样，也是各代统治者施政的重要参考依据。统观我国户政发展之历史，在国民政府成立之前，曾分别在清末和民初有过两次全国人口普查的筹划。

清末预备立宪期间，清政府民政部设立统计处，并按西法编定“六年调查户口计划”准备实施全国人口普查，其大致过程为：第一年颁布调查户口章程，第二年调查各省户数，第三年汇总各省户数，制定《户籍法》，第四年调查各省人数，第五年汇总各省人数，颁布《户籍法》，第六年实行《户籍法》。[①] 但随后辛亥革命的爆发，使《户籍法》尚未实施便胎死腹中，清政府筹备的全国人口普查最终以失败了局。

民国元年（1911 年），民国政府应议会选举之需，曾经有过一次人口普查，其调查结果主要记录在《中国经济年鉴》和《内政年鉴》之中。调查项目包括现住户口、现住人口的性别及不同年龄性别的各项人数、男女合计数、现住人口的职业分类各项人数等。[②] 但是，北洋政府时期，军阀纷争，局势动荡，普查所需人力、物力、财力分配混乱，有些地区甚至根本没有投入，

---

① 闻钧天：《中国保甲制度》，北京：商务印书馆，1936 年，第 548 – 549 页。

② 米红，李树茁，胡平，等：《清末民初的两次户口人口调查》，《历史研究》，1997 年第 1 期。

所实施的人口普查只是少数地区的局部调查，范围仅覆盖二十个省，其中广东、广西、安徽等省未报调查结果。因此，该次调查所记之人口资料极不完整，数据矛盾作伪之处甚多，资料间也有相互抄袭之嫌。有些省份上报的数据确实是匪夷所思的，比如河南一省，“有一县男女人数完全相等，有一县男子人数多于女子3至5倍及至64倍以上者”[①]。这一时期的全国人口数据多是估算而来。袁世凯死后，国内政治形势已是混乱不堪，政府无力主持全国范围内的人口调查，至国民政府成立之前，再也没有出现过全国性的人口普查筹划活动。

至国民政府成立，随着户籍行政的逐步完善发展，这一态势得以改观。国民政府对于全国人口普查的筹划可以追溯至1937年。当时国民政府主计处奉命筹备全国人口普查。该处计划将筹备工作分为征审、训练、试查和整理四个步骤进行。此时恰逢抗战全面爆发，全国范围的户口普查无法实行。根据筹备计划，主计处选四川、贵州、云南三省进行考察。[②] 其考察地点以在政治上、经济上具有重要地位的县市为依据选取。在四川的考察选定有成都、重庆两市及巴县、绵阳、新都等十四县。四川省政府对此高度重视，从其普发的公文中可以看出其态度：

查全国户口普查一案，业经中央决议赶办，自应积极进行，惟兹事体大，须有充分准备，方能顺利完成，国民政府主计处依法为主管机关，业经定聘起专家，组织第一届全国户口普查设计委员会，研讨方案，并拟先举办户口试查与抽查，然后根据试查

---

① 米红，李树茁，胡平，等：《清末民初的两次户口人口调查》，《历史研究》，1997年第1期。

② 刘鼎铭：《国民政府筹办全国户口普查经过述略》，《民国档案》，1993年第1期，第55页。

与抽查之结果于民国三十年实行全国户口普查，以完成此巨大工作，至于其他各种普查，国民政府主计处亦正分别规划准备，事关要政，各级行政机关自应协助推进，以期户口普查如期竣事。①

此时的户口考察内容主要涉及保甲组织、保甲户口编查及户籍登记三大项。1938 年 6 月，主计处完成考察。对此次考察之结果，主计处并不满意，“现在各地之户口编查与户籍登记，其方法既未妥善，其组织亦不健全，益以经费短绌，交通不便，文化低落，非另定适合环境之户口普查方法，并来回训练主办人员，不足以取得各地之精确人口统计数据”②。与此同时，四川正大力推行保甲，户政寓于保甲之中，其功能并未完全发挥，加之几次保甲户口编查的结果也不确实，无法获得准确的人口统计数据。观照这一情形，主计处主持的考察自然无法得到满意的结果，其评价也算是客观。

主计部的考察虽不顺利，却依旧继续在四川进行小范围的户口试查工作。1939 年年初，主计部编制《户口普查应用四川省分县地图》，拟定《四川省户口普查分区选县原则》，并于 8 月派员前往合川县与县政府商定在其所辖沙溪镇举办户口试查。1940 年，主计部复又在嘉陵江三峡乡村建设实验区举办第二次户口试查。这两次试查对户口数、年龄、性别、婚姻状况、教育程度、职业分配等方面做了详细调查。并依其结果，制订户口普查方案，并拟订户口普查条例草案，送立法院审议后由国民政府

① 重庆市档案馆，档号：0053－0007－00074。

② 《主计处二十七年度七至十二月筹备全国户口普查工作报告》，参见刘鼎铭：《国民政府筹办全国户口普查经过述略》，《民国档案》，1993 年第 1 期，第 56 页。

公布施行。[1] 遗憾的是，据笔者搜集的有限资料很难看出本次选县户口试查具体实施的效果如何。1939—1940 年的几次户口试查，效果虽不显著，但其筹划准备从某种程度上却为之后四川的选县户口普查打下了一定的基础。1941 年 2 月，主计处拟定《户口编查条例》，根据选县考察及在四川的两次试查的经验，制定了《县户口普查方案》，在交通便利、距省较近且户口动态较小的原则下，选定彭县、双流及崇宁三县举办选县户口普查[2]，时任国民政府主计处主计长陈其采在四川省选县户口普查省讲习会上讲道：

户口普查者，系谓普遍查记全国或一地域内全部户口，在指定时刻之静态，用为调查基本国势，健全地方自卫与自治组织，以及奠定户籍行政之基础。国民政府主计处职司全国岁计，会计，统计事务，统计事务之中，基本国势调查列为政府应办统计之一，而全国户口普查又为基本国势调查中之重要部分。普查结果之应用以区域愈广而愈有价值，但普查工作之推行宜先择定数县举办，以树楷模，此乃川省选县户口普查之所由来。[3]

1941 年的四川省选县户口普查不唯是国民政府成立以来的第一次正式户口普查，也是四川历史上首次举办的户口普查。至

---

① 赵章辅：《我国举办户口普查问题》，《东方杂志》，第四十二卷第六号，1946 年，第 14 页。

② 刘鼎铭：《国民政府筹办全国户口普查经过述略》，《民国档案》，1993 年第 1 期，第 56 页。

③ 《国民政府陈主计长对参加四川省选县户口普查省讲习会人员训词》，《县政》，1942 年第 6 期，第 1 页。

此，国民政府时期四川省选县户口普查的帷幕正式拉开。

二、时人对于进行四川选县户口普查的基本态度

如前所述，我国在户口调查的实施上，清末创巡警制，由警察进行户口调查。国民政府成立后，推行保甲制度，由保甲进行户口编查。而真正现代意义上的全国户口普查一直未曾出现，即或是有，也属于试验性质的试查，其目的多是试验外国的普查方法，或以学术研究为目的，并非政府机关为行政需要而举办的普查。例如1933年国防设计委员会试办的句容县人口农业总调查，1934年定县人口总调查，1935年福建省分县人口农业普查，邹平县户口调查，1939年清华大学举办的云南呈贡县人口普查试查①，1937—1938年在四川、贵州、云南三省举办的户口普查，以及1939—1940年由主计处统计局举办的合川县沙溪镇、北碚三峡实验区户口试查。而由中央政府依照法令办理的普查，1941年在彭县、双流及崇宁三县的选县户口普查是四川省乃至全国的第一次。因此，对四川省及全国来说意义重大。“夷考我国数十年来，内忧外患频仍，户口普查迄未举办，诚属憾事，此次国民政府主计处与本省省政府合办选县户口普查，在本省固属创举，即在全国，亦尚无先例。”②

对于国民政府来说，户口普查是调查基本国势、健全地方自卫与自治组织的重要手段。以当时国势的动荡，国民政府处于内忧外患的境地，人力、财力、物力供给受到极大限制，举行全国户口普查颇有些难度。对此，时任国民政府主计处副局长朱君毅

---

① 《国民政府主计处朱副局长君毅在四川省选县户口普查省讲习会闭幕式讲演词》，《县政》，1942年第6期，第2页。

② 同①。

这样说道：

以吾人限于人力财力，不能作全盘基本国势之调查，所可举办者，仅局部之户口普查而已。二十八九年间曾派该处统计局科长汪龙，先后数度来蓉商洽，当时曾以所设户口普查计划，过于理想枝节，自行政人员观之，不免有心力不能呼应之难，因由主计处就本省合川沙溪镇及三峡实验区，先行试办，三十年二月户口普查条例公布，确定户口普查与整编保甲密切联系之宗旨，主计处仍决定在本省先行选县举办，于是旧事重提。三十年四月由本省政府派本厅第三科科长刘炳中，赴渝洽商当即制订‘四川省选县户口普查办法纲要’，并选定三县，先行办理。所以此次选县户口普查不能作全盘基本国势之调查，所可举办者，仅局部之户口普查而已。①

与此观点类似，叶楷也在其文《户口普查与四川省选县户口普查》中认为：

户口普查既为事实上之需要，自应于国内普遍举办，以符户口普查之最高原则。惟以我国幅员辽阔，其交通状况，文野程度，人口疏密，已属千殊万别，各有不同。益以普查人才，尚待缺乏，普查工具，尚欠完备，均足以影响工作之进行与数字之准确。故在本年举行选县户口确查，以树先声。复以四川为民族复兴根据地，又为陪都所在地，特自四川着手先办，并选定彭县、崇宁、双流三县，最先办理；然后依据需要及其客观上所备具之

① 《国民政府主计处朱副局长君毅在四川省选县户口普查省讲习会闭幕式讲演词》，《县政》，1942 年第 6 期，第 3 页。

条件，次第推行于全省全国。[①]

从他们所谈内容中不难看出，此次挑选部分地区实行选县户口普查实为在各种条件尚欠完备之下的一种权宜之计。而在此权宜之计下，选择四川地区作为选县户口普查区域，多还是因为四川民族复兴根据地的地位，又为陪都所在地，社会、政治、经济等方面发展态势相对稳定。国民政府对四川省选县户口普查颇费心思，不唯在经费上大力补助，更是抽调统计局技术人员赴四川协助办理普查。主计处副局长朱君毅也对此次四川选县户口普查寄予厚望。希望能达到“以为办理全省户口普查之准备，而为其他各省各县之楷模”的效果。

要知户口普查，在各国三年或五年，乃至十年举行一次，并无若何奇异之处。然在我国办理户口普查，尚属第一次；本省接近陪都，“近水楼台”，故能得中央补助二十万元，办理此事，在经费方面，已无问题，并由统计局调派大批统计技术人员，来省协助，在人事运用方面，将益感灵活，是本省又为全国的第一次；而各选县复以条件优越，合于标准，特应为首先举办之选县，更为全国全省的第一次，获此三个第一次，诚属千载一时难得之机，其责任之重大亦可想而知，故只许成功，不许失败，倘或失败，以后欲求全国之户口普查，固不可得，甚或亦无人敢提户口普查之事实。[②]

---

① 叶楷：《户口普查与四川省选县户口普查》，《县政》，1942 年第 6 期，第 7 页。

② 《国民政府主计处朱副局长君毅在四川省选县户口普查省讲习会闭幕式讲演词》，《县政》，1942 年第 6 期，第 3 页。

对于此次四川选县户口普查之目的，时人的看法有所不同。叶楷认为，举办户口普查之目的，重在调查基本国势，健全地方自卫与自治组织。调查基本国势是此次四川选县普查的直接目的。基本国势调查包括国家之人口、土地、资源、政治、社会经济、文化等。而健全地方自治与自卫组织，是办理户口普查的辅助或间接目的。其重点在于利用户口普查表为蓝本，以供保甲户口编定册及警察调查户口册的转录，“而为清查奸宄，组训民众，健全地方自治与自卫组织所依据之基本册籍”[①]。同时，他还认为，此次选县户口普查与国家总动员存在重大联系。“我国抗战以来，四年有余，愈战愈强，而胜利之期亦愈近。挖其原因，固由前方将士。杀敌致果，而后方民众献其人力物力财力，以保卫国家，对抗强敌，亦有重大关系。”[②] 这一观点与四川省政府主席张群于《四川动员》发刊词中的谈话相契合。

动员之对象，不外人力与物力，人力之发挥，固全县于精神，即物力亦待人之精神而生其作用，故全国民众必先能自□自发，提高其精神力景而使用之，然后全国人力物力始能实现其最高之效率。说理精关，□切需要，可知国家总动员之重心为人。人力之发挥固恃乎人，而物力之发挥，亦不能离开人之关系而独立发挥其作用。[③]

而在吴澄之看来，此次四川省选县户口普查的目的主要有三。一为政治的目的，即按一定地区人口的多寡，作为分配国民

① 叶楷：《户口普查与四川省选县户口普查》，《县政》，1942 年第 6 期，第 8 页。
② 同①，第 7 页。
③ 张群：《发刊词》，《四川动员》，1937 年第 1 期，第 1 页。

代表选举票的依据。此外，通过“计口授量，计口授监”以确定征兵征工的数目，这是次要目的。二为经济的目的，凡直接税收，都应包括在内，如所得税、遗产税、土地增值税等，均可根据普查后的普查报告，用以测知人民的经济能力。三为社会的目的，即为维持国家的正常运转，政府应该了解人民的能力，诸如调集各种技术工人完成各种建设。另外，就是观察人民的基本素质如何、受教育程度及知识水准的高低或脑力是否健全或残废者有多少等。“举凡足供政治，经济社会的用途者，均可谓之近代式的报告，政府根据此种报告，作为一切设施之用。”①《四川省选县户口普查方案》对此有更为具体的解释，从中可以看出就该次户口普查本身之任务而言，目的有以下几个方面：

第一，在采用科学之调查统计方法，得一切有关户口静态之统计资料，以供实施新县制促进地方建设之参考。

第二，为利用此次户口普查直接代替保甲之后编查，对于户口普查表之制订详加研究，俾依照户口普查表誊录副本，即可汇订而成“保甲户口编定册”，以适应编整保甲之需要，而免骈查记之烦。至有关保甲户口之其他册籍，如壮丁册枪炮登记册等，均应分别另行编制，不可与此项基本户口编定册相混，他如警察户口调查亦可准此原则办理，惟有关警察本身事务之补助册籍较多而已。

第三，于此次选县户口普查办理完竣后，根据实际办理之经验，将户口普查法规及中央与地方各项保甲编查户口之法规，加以适当之补充与修订，以谋彼此之密切联系，而达到调整户口行

---

① 吴澄之:《本省选县户口普查与保甲之联系》,《县政》, 1942 年第 6 期，第 28 页。

政之目的。

第四，为使以后举办各省各县户口普查完整精密之计划并具有一致之标准起见，根据此次办理普查经验，制订《全国各省户口普查之标准方案》及《户口普查条例施行细则》，以资推行。①

这里需要指出的是，以上所述为在四川举办此次选县普查的主要任务。此外，关于如何举办户口异动登记，随时修正户口编定册，如何运用户口编定册为办理户籍登记之用，以及如何推行人事登记，容纳市生死统计于户口异动登记或人事登记之中等别项任务，虽偏重于行政方面之工作，而与户口统计关系密切，各有关主管机关仍在继续考虑，拟订详细方案，并互相配合，以发挥行政力量与统计技术密切联系的效能，完成户政调整。

不难看出，吴澄之与叶楷两人的观点在当时颇具有代表性，其最终目标虽然基本一致，立论角度却是南辕北辙，反映了时人对于四川选县户口普查两种截然不同的思考维度。吴澄之立足户口普查的功效与作用，以户政在国家运作中的基本作用及内容为切入点，其观点与这一时期大量涌现的介绍户口普查相关方法、经验类的著述也大致吻合。换句话说，吴澄之的表述具有户口普查标准化的意义。而叶楷的说法与政治时局相契合。他的表述与时代特点相结合，多考虑到抗战全面爆发后国民政府经略国家需要面对的严峻形势，认为户口普查是进行战争动员、增加抗战力量的有效手段。这一思路对于面临极大政治、经济困境的国民政府来说，可谓挠到痒处。由此可见，以叶楷为代表的观点似更为具体深刻，与四川选县户口普查所处的时代语境更为贴切。

---

① 《四川省选县户口普查方案》，参见《四川省选县户口普查之意义与任务》，《县政》，1942 年第 6 期，第 43 页。

三、选县户口普查实施的相关记载

国民政府主计处为筹办全国户口普查、确立户政基础，与四川省政府合组四川省选县户口普查委员会，并选定彭县、双流、崇宁三县先行办理。这次户口普查与整编保甲的合并举行在四川省属于创举。不但为政治建设的基础工作，亦开全国户口普查之先河。正是在这样的背景之下，四川省的选县户口普查倍受重视。在选择“普查标准日”之时，也异常慎重，甚至连“节季之寒暑，人民之闲忙，日期是否便于记忆等条件”① 均一一予以考虑。

迄于记录四川省选县户口普查的文献之中，由四川民政厅主办的《县政》所刊的关于四川选县户口普查的专号算得上是重点了，既包括对选县户口普查相关问题的思考和疑问，也包括对户口普查经过的事实性描述。通过对这些文献的爬梳，可以发现此次四川选县户口普查的实施程序具有较为明显的分期，大抵上可以分为如下几个步骤：（1）内政部及主计处派员考察省内重要县市的户籍实施状况，并与四川省政府切实取得联系，合力办理该次选县户口普查；（2）进行前期准备，举办县讲习会，扩大户口普查宣传；（3）实行户口普查，并与整编保甲同时进行；（4）督导编户查口，对普查实施的结果进行抽查。四个步骤分工明确，前两步内容重在取得工作联系，培养普查人员，扩大普查宣传，为选县户口普查的准备阶段。后两步正式开始普查实施，获得普查结果。因此，对于四川首次选县户口具体实施情况的考察，可以依据文献内容从前期准备、具体实施两个层面依次展开。

---

① 吴澄之：《本省选县户口普查与保甲之联系》，《县政》，1942 年第 6 期，第 26 页。

（一）前期准备

1941 年 2 月，主计处派统计局局长吴秉常，率同统计局李成谟一行十余人等抵达四川。四川省政府派员与他们会合之后，随即组织四川省选县户口普查委员会，并由吴秉常与四川省政府统计长李景清，将之前拟定的《四川省选县户口普查方案》草案加以研讨，决定应行修正的各项要点。四川省选县户口普查委员会的内部人事组织，依照选县户口普查办法纲要的规定，主任委员由吴秉常兼任，副主任委员由主计处副处长朱君毅兼任。委员由四川省政府统计长李景清及统计局李成谟分别兼任。朱君毅对此评价道："谓中央与地方有关户口普查人员，均已网罗尽致。"[①] 委员会内，总干事由李成谟兼任，副总干事由四川省民政厅第三科科长刘炳中兼任，下设三组，分为调查、统计、总务。三组均由统计局、四川省统计处及民政厅分别派员兼任。四川省选县户口普查委员会除拟订有关法令规章及修订普查方案外，还负责省讲习会的组织工作，会长仍由吴秉常兼任，副会长由朱君毅兼任，总干事由李成谟兼任。下设的教务、总务两组及各级负责人员，均由普查委员会相关人员兼任。同时全力举办省、县两级讲习会，使每一普查人员均获受训之机会。而此次讲习会的举行，也是国民政府成立以来四川省训练户口普查人员的开端。

据《四川省选县户口普查方案》规定[②]，为使各级普查人员明了户口普查要旨及办理手续，由四川省选县户口普查委员会主办省讲习会，调集各选县民政科长、统计主任、区长、县指导

---

① 《国民政府主计处朱副局长君毅在四川省选县户口普查省讲习会闭幕式讲演词》，《县政》，1942 年第 6 期，第 3 页。

② 吴澄之：《本省选县户口普查与保甲之联系》，《县政》，1942 年第 6 期，第 27 页。

员，以及邻近县份的统计主任与省普查委员会的全体职员集中讲习。从讲习内容上看，分一般讲习、习题测验、编查实习、统计实习及实际问题讨论等。讲习完成之后，将受训人员分别派为省、县督导员。在县一级由县户口普查处主持县讲习会，调集乡镇长、乡镇公所、民政股主任、户籍干事、中心小学校长、教员等集中讲习，讲习内容与省讲习会基本相同，只是前者注重理论探讨，而后者注重方法传授。县讲习会完毕后，由县普查处委派乡镇长为普查区主任，保长为普查分区主任，如能力突出，则兼任该分区普查员或副主任。每三个普查分区以上，另设副主任一人，由乡镇公所职员、保长或小学校长、教员分别担任，同时在普查分区设普查员一人。

根据《县政》中的记载，此次选县户口普查的省讲习会原定历时11日完成，后改为8日。事实上，除实习2日，检讨1日外，实际讲习期间只有5日。其课程分为五个方面。（1）一般讲习，即讲解普查方案。此次户口普查讲习有一特色，即强调了普查与整编保甲之联系。国民政府主计处副局长朱君毅认为，“如属纯户口普查，往往所得统计结果，与行政无甚关联，自行政上着眼，尤为美中不足，然本方案之精神，即在弥缝此种缺陷，于普查以后，赓即整编保甲，接办户口异动登记”①。（2）拟定编户查口习题，用以测验各会员对户口普查的了解程度。（3）编查实习。在课堂讲解完成后，指定地点实习。（4）整理统计，以实习所得到的资料，归纳为数据，做统计方面的实习。（5）实际问题讨论。在讲解实习时所发现的问题，提出讨论，为普查委员会制定方案提供借鉴。省讲习会结束之后，选县户口普查委员

① 《国民政府主计处朱副局长君毅在四川省选县户口普查省讲习会闭幕式讲演词》，《县政》，1942年第6期，第4页。

会随即筹备县讲习会，具体按以下程序进行。（1）省讲习会会员回县后，于1942年2月10日以前，协助县长成立县户口普查处。（2）因普查标准日已定为4月5日，所以要求各县于3月21日开始举行县讲习会。按讲习区域划分为：彭县分为四区，双流分为两区，两区域同时举行。崇宁因幅员狭小，集中县区举行。（3）编户查口在规定期间进行，即编户5日，查口7日。普查委会员成员丁步崇对于举办讲习会的认识深刻：

各选县普查工作开首第一章，即为举办县讲习会，召集普查区主任和普查区副主任及普查员，将查记之方法与步骤，予以讲解及训练，使各级编查人员将来工作之时，均能依照规定办理，有统一之标准与方法。因为是第一项正式工作，所以县讲习会之成败，对于编查人员之印象，及地方人士之观感，均有莫大之影响；换言之，即将来工作之推进，与县讲习会办理之成绩，有莫大之关系。主持此项工作之人员，莫不战战兢兢以从事之，以冀达到圆满之地步。①

讲习会进行中存有两个关键性问题，即管理与教学。前者涉及学员食宿的安排、编查方法的讲解、课堂秩序的维持等，如丁步崇所言："编查方法之讲解，步骤之说明，使学员能完全了解，运用自如，是为教学之目标。"② 事实上，讲习会的管理问题比较繁杂。实施之际，普查委员会对于管理问题则采用军事管理方法，每一乡镇（即普查区）编为一队，以乡镇长为队长，无论

① 丁步崇：《此次选县户口普查中督导工作之检讨》，《县政》，1942年第6期，第34页。

② 同①。

食宿及授课均以队为单位，由队长统率，以便维持其纪律与秩序。至于教学问题，其难点在于，训练时间只规定5天，在此短促时间内，需要使毫无普查知识的一般公务人员，对于普查方法全部加以接受，确为困难之举。纪中愉在其文《参加此次选县户口普查工作的检讨》中提到：

> 主持者除依照工作手册逐字逐句解释外，并于讲述及实际问题讨论之时，提出问题指定学员解答，以测验其了解程度；对极复杂难懂之问题，如职业及立户标准之判别等，则反复提示，使不得不有深刻之印象；在习题测验及编查实习之时，观察其解答及手续是否正确，随时给以指正。总之关于教学方面，应力求讲解明白清楚，并利用一切时间，以测验学员之领悟程度，主持者并应与学员同甘共苦，每行一事，均以身作则，示以办事认真不苟且之态度，如此定可收获良好之成绩也。[①]

对于普查人员的培训，纪中愉还谈道：“凡是举办一种新的事业，除了计划完善的组织、程序、方法三者之外，尚须有讲习之准备工作。但讲习如果流于空洞，则有害无益。”[②] 他认为，户口普查需要科学的查记方法，但县以下工作人员未受过系统科学普查训练。在进行户口普查之时，普查标准时刻的判别及应用、各种户别的分类及互相关系、查记项目的定义，绝对不能有含糊不清的观念。事实上，有些从事统计工作的人员尚且弄不清楚，且这样精细的工作要责令下级工作人员限期做好，实在是一

---

① 纪中愉：《参加此次选县户口普查工作的检讨》，《县政》，1942年第6期，第29页。

② 同①。

件困难的事情。所以普查讲习是必需的。根据他的经验，提出讲习应该注意以下几点。第一，怎样提高普查人员的兴趣。他解释道，讲述者对于讲授的科目必须研究有素，条理要清晰。运用如演说家般的技术向听众讲解，因为一县的普查人员如在一两百人以上，不用这种方法不足以保持讲堂安静。课后更要随时考察听讲者的领悟程度，以便因人施教。第二，如何保持普查讲习会的秩序。若讲习秩序不好，则参加者可能失去信心，将来普查时也不肯尽心负责办理。“要求秩序良好，第一先要‘物色听众的领袖’，如教育程度比较高，经验丰富者，及在地方有声望者。对于讲习发生兴趣，对于支持人员发生信仰，其余如风行草偃，必一致发生信仰了，秩序自然会好，这是集团生活中群众的心理作用，但是人多品杂，如有一二不肖份子偷课迟到，很容易发生传染作用，必须制机于事先，立刻予以处罚，轻者罚立正，重者课后禁闭。处罚一两个人，其余的人就知警惕了。”① 第三，组织个别竞赛和团体竞赛。他认为，在人数众多的讲习会里，要得到满意的成绩，可以考虑采取个别及团体竞赛办法。个别竞赛可用测验方法，测验时多出些繁杂的问题，最好能将教材中所有内容囊括进去。做答案时可以翻阅教材，然后公布最佳的答案。通过这样的形式，讲习效果一定比注入式的讲授收效好得多。团体竞赛可采用实习方法，分队分组，例如将普查人员按其隶属乡镇分为若干队，每队编查一保，实习时由主持讲习人指导纠正，然后公布各乡镇的实习成绩，优劣有所比较，各乡普查人员始能互相勉励。②

---

① 纪中愉：《参加此次选县户口普查工作的检讨》，《县政》，1942 年，第 1 卷，第 6 期，第 29 页。

② 同①。

除讲习有关问题外，另一个前期需要完成的重点筹备事项是此次选县户口普查之宣传。在此次选县户口普查举办之前，四川曾有过多次户口调查的经历，却屡屡效果不彰，得不到确实的人口数据。一方面是由筹备组织不善，户政功能不够完全所致。另一方面便是与户口调查宣传不到位有关。四川民众以旧有经验，对户口调查不感兴趣，也不愿配合。时人指出：

一般民众不喜欢政府多事，你要举办一件重大的事业，他们就要惊奇骇异，再者过去的政府给民众的好印象太少了，所以一切事业常常受到阻碍，如果乡间的信仰者及权威者能够替政府向民众宣传，则一切事业必可顺利推行。乡间的民众，他们本身有巨量的潜隐力，他们可以帮助政府做出惊人的成绩，也可使政府一道命令暗中失效，因此适当的宣传是不可少的。①

"注意宣传，使人民明了中央办理户口普查之意义，及各县应选办理户口普查之由来，然后此种工作，始不惹起人民之怀疑，协助完成。今日之民主政治，已非'民可使由之不可使知之'之政治，此项宣传尤应特加注意。"② 我国乡村人民，对政治向来不感兴趣，所以不论是选县户口普查或保甲户口编查，在其心目中不外乎征兵、纳税而已。此现象不光出现在一般乡民之中，即使是知识分子也是如此。所以四川省选县户口普查，对于宣传，特别注意。在实施上，其对象力求普遍，不唯普及一般人民，而且包括政府一般官吏、教员、学生，让他们广为传播。此

① 纪中愉：《参加此次选县户口普查工作的检讨》，《县政》，1942 年第 6 期，第 30 页。

② 吴澄之：《本省选县户口普查与保甲之联系》，《县政》，1942 年第 6 期，第 27 页。

外，由四川省选县户口普查委员会印制宣传大纲，说明此次户口普查的意义，发至彭县、双流及崇宁三县并转发各机关团体学校。同时，一方面由中央及省各级长官亲临各县讲演；另一方面由县个别召集乡镇民众大会，派员出席讲话，使普查要旨深入人心。在普查宣传环节，乡镇长扮演了相当重要的角色。各乡镇长期向民众讲解普查要义，比写于墙上的标语更加有效。乡镇长为民众讲普查的重要性时，有这么一则故事：

前清称有粮的为粮绅，因为他们有粮在册，他们就很骄傲的以绅自居，现在你们如果有姓名在册，你们也该很骄傲的以公民自居。如无名在册，那末，他是个编余之民，非匪即盗，因为他们册上无名，受人诬告，政府也没法证明，甚或被外县拉去当佚子，政府不能追索，拉到外县打官司，也没权要求转移，因为他在本县没有户籍。①

这种通过宣讲来扩大选县户口普查影响的方式确实比泛泛地贴标语的效果好。一方面，一般民众多不识字，另一方面，这种面对面的宣讲，影响较为广泛深入，且收效迅速。正是在这样的宣传力度之下，即使是保甲长已往不敢编查的兵营、航站、女校及矿场等地的查记工作，也均在顺利进行之中。

（二）具体实施

四川选县户口普查的实施，主要集中体现在两个环环相扣的步骤上，即编户及查口。编户是整个普查的基础性环节。按照选县户口普查方案，规定于 3 月 29 日开始查户，限五天完成。其

① 纪中愉：《参加此次选县户口普查工作的检讨》，《县政》，1942 年第 6 期，第 30 页。

中，《四川省选县户口普查方案》中对于编户的种类做有具体的区分，有以下几个类别：

临时户：规定流动糜常之户为临时户。

船户：规定以船为家而在陆地上无一定住所者为船户，船户以一船为一户，但以在陆上无一定住所而系以船为家者为限。

寺庙户：以一名称为一户，称寺庙者，凡寺院、庵庙、宫观、禅林、洞刹、教堂、教会、清真寺等属之。

公共户：公共处所以一名称为一户，称公共处所者，凡公共户，凡公署、兵营、监狱、学校、工厂、祠堂、会馆、公所及其公共处所均属之。

普通户：规定同居而共同生活之住户铺户为普通户，普通户指同居共同生活者而言，其立户标准如下：同一门牌内（指街村镇之门牌）分居数家而不同者以数户计；异户者无论何种亲属关系以各户计；店铺以一招牌为一户，无招牌者以门牌计。①

此外，在该次选县户口普查中，出现了不同性质的特殊户的情况。上述五种户口分类并不能完全涵盖，主要包括三类问题：（1）编余户。按照《四川省选县户口普查方案》规定，前店后家，家店同主者不一定就是一户，与过去保甲规定列为一户者不同，所以街道上户数增加，每甲查余户，普查员在处理时，一般是将其编在邻甲以内。（2）立户标准。一个有牌号的商店，由全家人共同经营，住宅和店铺在一起，这个店铺共同营业兼共同生活，这一情况被认定为普通户。（3）插花飞户。普查员遇到

① 《四川省选县户口普查方案》，《四川省选县户口普查之意义与任务》，《县政》，1942 年第 6 期，第 43 页。

插花户，无论其原保甲番号属于哪个乡镇，一律将其编入所在地保甲之内。

查口紧随编户之后进行，是户口普查的重要部分。“户口，各国举办人口普查，直接以人口为对象，间接及于户的组合，其作用在取得基本事实与数字，以供一切设施的根据，对于各个人口的本质，必须知其详尽。”①

四川省选县户口普查在标准日的选定上颇费心思，定于1942年4月5日，这一天恰巧是农历二月二十清明节。依我国习惯，清明节家家扫墓，所以那天是每户的法定人口移动较少的时候，可以说是最理想的日子。即是说，各选定普查县份都在这个标准日一致开始查口，到了4月12日共计7天时间，先后查记完毕。普查员由乡镇区主任、副主任率领工作，另由省县督导员与普查员、副普查员层层督导抽查纠正。关于查口的步骤与方法，各区主任、副主任及普查员都能依照规定去做。② 从查口实施过程中不难看出，其大体上是以四条标准为依据：（1）普遍查记的划一日期或标准时刻；（2）户口对象的确定；（3）明确定义各项查记事实；（4）查记与统计专门技术的运用。而对于查口过程中出现的问题，时人也有相应的探讨：

甲、查记旅馆客寓人口，因为要查记现在人口，所以旅馆客寓必须在标准日的夜间去查记，若等待第二天去查，则一部分临时过夜的旅客若是离去就无从追记当夜的情况。各县城的旅店大概分成三种：大的是旅馆，住的旅客多属已往富商官宦及游历

① 纪中愉：《参加此次选县户口普查工作的检讨》，《县政》，1942年第6期，第30页。

② 同①。

者，较火的是栈房，住的旅客属小商及乡民进城赶场临时过夜或谎报车夫。最次叫做“牛店”，大概是板车夫或牲畜贩子住的，那里污迹不堪，可以放置笨重的物件或牲畜，查记大的旅馆，普查员须十分客气，因为住的旅客较为复杂，他们很讨厌查问，不容易告诉你确实的答案。客栈牛店大概是“连家店”营业处所与住家在一起，夜间青灯无光，问话填表都感困难，至于牛店里没有桌子填表都不容易，所以错误较多。

乙、查记船的人口，选定的三个普查县无大川巨流，没有以船为家的，如果有船户，也该当夜查记。

丙、查记流氓乞丐及无家可归的人口，这次工作也要在普查夜去做，各乡镇的乞丐每到夜间大多数集宿在破庙中。有些乡镇没有庙子可住，则集中在镇上的庙里，如双流县彭县有一个乞丐收容所，附近几乡的乞丐夜间聚集于此，所以当夜有些乡区没有查到乞丐人口。无家可归的人口甚少，仅发现些终夜张网捕鱼的及暂住在无人管理的庙中的斗手。前者应该视为原属普通户的现住人口，后者似可以当作旅客查记。

丁、查记陆地上各种户内人口，在普查标准日第二天查记固定处所内各种人口，按照已粘贴的户签号数依次查记。较保甲调查户口不同之点，户表上多了“是否在本户内临常时住宿”及“农户二月二十日夜是否在本户过夜”两栏，其各栏是详尽与简略的差别。①

编户查口结束之后，各户口普查区所辖每一分区的户口普查表及户册经查对改正点收齐全，各区主任及副主任即统计户口总

① 纪中愉：《参加此次选县户口普查工作的检讨》，《县政》，1942年第6期，第31页。

数，各分区户口总数统计完毕以后，再做全普查区户口总数统计，普查处收齐各区统计报告，即编制全数户口总数统计。彭县、双流、崇宁户口数据统计如表 5-1 所示：

表 5-1　彭县、双流、崇宁户口统计表

县别	户	常住人口	现住人口
彭县	78196	375577	372170
双流	33564	156568	155334
崇宁	20741	95700	94455

资料来源：纪中愉：《参加此次选县户口普查工作的检讨》，《县政》，1942 年第 6 期，第 31 页。

总的来看，该次普查工作在筹备实施上还是经过了精心的策划。先由四川省选县户口普查委员会根据民国三十年（1941 年）二月公布的《户口普查条例》，制订四川省选县户口普查方案，做好了制度上的相应准备。其规定内容异常详细，在实施普查的时候，就完全照着方案切实办理，普查、督导人员多也能有效执行。因此，从普查的效果来讲，在前期准备、扩大宣传、编户查口、实施督导等几个主要方面基本上达到了预期目标。并呈现出几个方面的特点：

第一，普查功用的扩大。四川省户口普查的目的在于明了户口的静态，加以统计分析，以供国家一切应兴应革及决定政策的重要参考。再者，此次的普查内容与编查保甲户口密切联系，并有了科学的规定，举行普查时同时又整编保甲，将所有普查表分别过录后即成为保甲户口册，有了正确合理的保甲户口册，将来可作为办理户籍及人事登记的根据。

第二，普查组织的充实。由省至县的普查组织，采取普查人员与统计人员合作的原则，统计人员贡献其研究经验及技术，普查人员运用其行政力量，动员其部属，两方密切联系合作，可以说是实行者与研究者合作的成功。“实际担任编户查口工作的普查员，都是经过甄别的。乡镇普查区设了若干个普查区副，以辅乡镇长和保长工作的不足。此外还设置省县督导人员，专负训练，督导，抽查的责任，人员设置的完备，也是已往户口调查所不及的。”①

第三，办理程序的周密。所制定的普查方案对于普查方面的人、财、物、时都有周密的计划、详细的步骤，如普查人员的选派训练、普查区域及督导区域之划分等。

第四，办理方法的详尽。过去整编保甲清查户口的办法，关于编查方法大都简略含糊，《四川省选县户口普查方案》里对于立户标准、编户步骤、查口方法都有具体而清楚的说明，做到了纲举目张，无微不备。

四、选县户口普查热点问题的讨论

对于国民政府时期的四川省户政来说，选县户口普查正处于户政现代化转型的节点。在筹备实施期间涉及的各方面内容，特别是对于户政开展的认识上，呈现出与前一阶段不同的态势。20世纪30年代的时局动荡及伴随而来的战乱频仍、经济凋敝，加之国民政府在四川大力推行保甲，时人为历史的局限障蔽视野，无从看到户政发展的前景，更缺乏形而上抽象的规律、原则、方法。事实上，要在这样的基础之上建立比较完善的户政认识形态，是比较困难的事情。而选县户口普查似乎提供了一个契机，让时人有机会回过头去，到实践中去寻找依据，观点、想法亦纷

---

① 纪中愉：《参加此次选县户口普查工作的检讨》，《县政》，1942年第6期，第31页。

然而起，在时人的认识上也步入了整理和总结的时代，规划他们所憧憬的户政蓝图。这一时期，时人对于户政的思考有两个方面的突破，一是阐明了保甲与户政的关系，二是完善了户口普查的督导。

（一）保甲与户政的关系

四川省首次选县户口普查有一个重要特点，即使户口普查与保甲户口编查取得密切的联系。“盖举办普查，亟应先事训练各级人员，使其明识普查之真谛，砥砺服务之精神，综览方案之技术与辨别户口普查与保甲户口编查之联系。”[①] 同时根据此次户口普查之结果，纠正过去人口调查及估计之数字，并可以此唤起全国人民的注意，成为将来举办全国户口普查的动力。时人指出：

> 故此次本省举办选县户口普查之目的，除仿世界各国之成规，采用科学的查记方法，获得精确可靠之户口统计数字，以供实施新县制促进地方自治之参考外，更进而谋取户口普查与整编保甲之密切联系，利用原有之保甲组织与人员，办理户口普查工作，而以普查结果，代替保甲之户口编查，使保甲编组益臻完备周密，以健全地方自卫与自治组织。[②]

主计处副局长朱君毅认为，此次四川户口普查实施时要切实加强与保甲户口编查的密切联系，利用保甲户口编查，形成经验方案，并根据此次办理普查经验，“供献中央，将各项有关户口

① 《国民政府主计处朱副局长君毅在四川省选县户口普查省讲习会闭幕式讲演词》，《县政》，1942 年第 6 期，第 3 页。

② 同①。

调查登记之法规，加以适当之删补与修正，使无繁复骈歧之弊，而达于调整全国户口行政之目的。”①

从法规上看，户口调查与保甲户口编查各有特点，但之间联系也十分紧密。户口调查根据《户籍法》相关精神及各地清查户口暂行办法办理，而保甲户口编查则根据《剿匪区内各县市编查保甲户口条例》《整理川黔两省各县保甲方案》等办理。但无论是户口调查还是保甲户口编查，都是以户口为查记、调查对象，且查记事项又多类似或相同，如姓名、年龄、性别、迁移等项。如将其分割为不相关联的独立系统分别办理，必然事倍功半。叶楷指出：“户口普查、户口调查，保甲户口编查，如分别举办，不特人力，财力，时间均不经济；抑且重床架被，易使不明了法令的人民，发生不良印象。似宜仿照此次选县户口普查办法，兼顾本条例之立法精神，研究一种基本查记表既可作为户口普查之用，亦可供户口调查，保甲户口编查，及户籍行政之转录。”② 他进一步解释道：

户口普查与整编保甲打成一片，按户口普查系以户口普查条例为依据，而整编保甲，向例以整理川黔两省各县保甲方案（二十七年重庆行营制颁）为依据。此次特本立法精神，运用科学方法，以户口普查表为基本记载，即将整编保甲所需之事项转录为户口编定册，并同时整编保甲，使户口普查与整编保甲打成一片，户口普查既因殷籍保甲组织而益臻精确，整编保甲亦因联系户口普查而顺利推行，故此次选县户口普查实已同时完成调查基

① 《国民政府主计处朱副局长君毅在四川省选县户口普查省讲习会闭幕式讲演词》，《县政》，1942 年第 6 期，第 3 页。

② 叶楷：《户口普查与四川省选县户口普查》，《县政》，1942 年第 6 期，第 8 页。

本国势与健全地方自治自卫两大目的，其表册内容并可为将来办理正式户籍登记之张本。①

对于这一户口普查与整编保甲相互结合、互为体用的观点，吴澄之持有相同观点，认为调查户口之后，应该随即整编保甲，以户口普查为保甲之依据，以保甲为强化户口普查功能的手段：

此为其进行之程序，缘以我国户口行政，有四种法规，由四种行政机关分司其事，各有单独之目的与范围，即“户口普查”，“户口调查”，“户口及人事登记”，“保甲户口编查”，各区所负之法律使命不同，与查记之范围有异，重复纷歧，不独人民徒感其势，而政府亦难收其效。是以海内专家学者，殚精竭虑，致力于此项户口行政之总调整，尚待各有关主管机关协力推行。本省选县户口普查，本此户口行政总调整之主旨，首谋与保甲整编取得联系，除户口普查与保甲整编办理程序同时进行外，而于户口普查内所查记事项，亦暂以保甲户口编查之事项为限，并于称谓栏内完全依照保甲亲属称谓栏之次序填写，籍谋保甲户口表转录之便，增“原编保甲番号”与“拟编保甲番号”两栏，以为整编保甲之用，其编户查口之进行，亦完全依照原有乡镇区划内之保甲界限，于普查完竣后，再从于保甲之整编。②

在具体实施上，吴澄之认为在编查方法方面，编户查口应该依照户口普查条例的规定，将户分为普通户、营业户、公共户三

① 叶楷：《户口普查与四川省选县户口普查》，《县政》，1942年第6期，第8页。

② 吴澄之：《本省选县户口普查与保甲之联系》，《县政》，1942年第6期，第27页。

类。对其的区分是以在同一处所、同一主持人之下共同生活、共同营业或共同办事三种标准进行，并确定各类户内应包括的人口数量。但在《县保甲户口总查办法》中则将户分为普通户、船户、寺庙户、公共户、外侨户、特编户、临时户七种，没有与保甲编组相区分。此次四川选县户口普查首按户口的本质特征，分各种户为普通户、营业户、公共户三大类。在户口普查表册之内，分别注明前述各种户的区别。由普查员携带户册，循一定之路线，依照原有甲户次第，往各户编查填写，并代为拟编保甲番号，为之后整编保甲提供参考。

在查记内容上，所制户口普查表查记项目应该包括：（一）称谓；（二）姓名；（三）性别；（四）已婚、几岁；（五）未婚、有配偶、丧婚、或离婚；（六）是否识字；（七）在何学校毕业或肄业，或入私塾几年；（八）在何人家或厂号机关做事；（九）做何事；（十）做事有无收入；（十一）本籍；（十二）在本县居住满几年几月；（十三）是否在本户常时住宿；（十四）普通户内，在本户之住宿之家属迁往何地居住；（十五）农历二月二十日夜是否在本户过夜，等等。

于查记栏前端分别列出下列项目：（甲）“省”“县”“区”“分区”“户”“整编保甲次第”；（乙）“户别”“名称”“详细地址”“在何城市场集内”“如系船舶常时停泊何县码头”等项目。于查记栏后端分别列出：（甲）“在本户时常住宿者男女及共计人数”“普查夜在本户过夜者男女及共计人数”；（乙）“普查区主任副主任，普查员，月日”各栏。

吴澄之还谈道，户口普查与保甲整编共同举办，是要通过户口普查代替保甲户口编查，所以所查记事项的内容，除标准日一栏是为区分时间外，其余完全与保甲户口所调查的事项相同。因此，户口普查不惜减少调查之内容与保甲相配合，是为运用保甲组织，以科学合力的方法，直接代替保甲户口编查，用以同时完成户口静态统计与健全地方自治，进而达到“在将来全国户口普查时，其查记项目，决无永囿于保甲编查户口之域”[①] 的目的。

从制度规范的角度看，《四川省选县户口普查方案》规定，户口普查与整编保甲同时进行，运用户口普查的技术，用以严密保甲户口查编，并利用固有保甲组织，综合编查户口的意义与内容，以达到户口普查之目的。但是，各选县中保甲户口编查，虽通过几次较大规模的保甲户口编组已具备一定基础，但也出现不少编查不实的问题，而且其原有编制标准、法规也未完全与《四川省选县户口普查方案》相匹配。在这样的情况下，时人除了在编查方法及编查内容上讨论如何加强保甲户口编查和户口普查的联系之外，还对两者相互联系的具体办法有所思考。主要涉及三个方面的问题：

第一，选县户口普查时要维持原有乡镇区划。一方面，经过主计处的几次考察，各选县中乡镇区划大致业已调查完毕，仍维持原有乡镇区划，可以为户口普查提供便利。时人谈到：

以乡镇为“法人”，法人与自然人同享权利尽义务，有独立之人格，故乡镇又为自治之单位，单位以内之地方自治事业，悉有赖于地方热心人士。倘对乡镇区划，时常变更，实不足以鼓励地方人士办理地方自治之热情，且乡镇间之自治经费，悉由乡镇全体人民自行筹划，其筹划之标准，又依所辖之“户籍”与“地籍”以为适用之分配，倘重新区划，不但徒增纷扰，抑且影响户口普查工作之进行，盖以最基层之保甲组织，果能使之臻于

① 吴澄之：《本省选县户口普查与保甲之联系》，《县政》，1942 年第 6 期，第 26 页。

严密合理，则乡镇之调查，得视时势之需要，以命令定之，固非若何窒碍难行之事。且在偏僻乡村中，人民常有一种固执思想，即于自身之属籍，恒不愿轻易变更，至于所辖之乡镇亦然，如有变更，在其心理上，即因管辖乡镇之更易，似生一种“羞恶”与“忿恨”之感，尤以本乡赋有名胜古迹或其他足资传述之地为然。此种门户之见，固应摒弃。然在未摒弃以前，何如维持原有区划，以息纷争，而利户口普查之推行，其成效所及，不唯乡镇长热心赞助户口普查工作，即一般人民亦毫无怨言之词，以期利用乡镇保甲之组织，到达户口普查之目的。①

第二，对于保甲插花飞户的调整。吴澄之谈道，保甲为乡镇组织的主要内容，是构成乡镇的细胞。其编制与区划关系着乡镇的健全与否。四川省在 1935 年之前的保甲编组是以“团练”为形式，多是以“人”为标准划分，而不依照地形区划。也就是说，保甲长居住附近的地带，即保甲管辖范围，其辖区大小没有一定的限制。自 1935 年川政统一以后，经历多次整编，已有显著进步。“地形已逐渐完整，编制已完全合法，惟兼有少数之保甲，仍以‘人’的问题，未能悉照山川河流自然形势予以划分，而仍保持其插花凌乱之地形，殊不足以舍行政管理之便利。”②户口普查为与保甲编组密切联系，他认为，需要规定普查员在调查之时，应循一定的路线，如在乡村进行普查，应自乡村之一端起至另一端止，如在山地，应自山之一端起至另一端止，如在城市，应自街之一端至另一端；同时，“绘具保界略图，加具意见，

---

① 吴澄之:《本省选县户口普查与保甲之联系》,《县政》, 1942 年第 6 期，第 26 页。

② 同①，第 27 页。

酌乡镇区域内各保之自然形势，街道路线及户口分布情形，于户口编定册内逐项分别详细注明，以为乡镇公所整编保甲之根据，以期运用户口普查之技术，达到整编保甲之目的"①。

第三，办理保甲其他事项，主要为适应保甲自身的需要。即在进行户口普查时，依据已填具的户口普查表抄誊于保甲户目表后，汇订成“保甲户口编定册”，再从保甲户口编定册中摘录各户户长姓名、性别、年龄、籍贯及男女人口总数，填入户牌，发交各户悬挂，并办理联保运坐切结及壮丁册、民枪烙印登记册等。②

（二）户口普查督导

川政统一之后至选县户口普查进行前，从已有的涉及人口调查的活动来看，无论是警察户口调查还是保甲户口编查，对于户口调查后的督导抽查都有所忽略。而政府对于普查督导的关注较为突出，时人各抒己见，发表看法。纪中愉认为，“督导及考核需要加强，命令乡镇人员干事与防范抢险一样，如果有一处，你不去看，那也会有决堤之患，并且乡镇以下人员各有本业，为公家办事，帮忙的性质，一般人教育程度甚低，遇到复杂的问题，很容易混，忘记，或概念错误，必须派人督导，随时指正”③，其具体观点与1937年高孟宪在《四川保甲之今昔》中提到的“各区长县长新赴各地巡视，考察调查是否正确”的思路有些类似。吴澄之则是从督导员的派定问题入手，认为督导分指导、抽查、督察、考核几个方面。关于省督导员的派定问题，是以县内

---

① 吴澄之：《本省选县户口普查与保甲之联系》，《县政》，1942年第6期，第27页。

② 同①，第28页。

③ 纪中愉：《参加此次选县户口普查工作的检讨》，《县政》，1942年第6期，第31页。

讲习会的区划为准，即每一讲习会区派省督导员一人，兼该会会长。县督导员的派定，是以县内的乡镇数为准，大约每两乡至三乡派县督导员一人。

本省各选县户口普查，能以如限完成，而无漏户漏口，并复隐瞒，或不实不尽之处者，督导之力实多，盖乡镇之事讲习于疲玩久矣，苟非督导得力，则莫可谁何，故普查工作，不在乡镇长之能否尽职，而在督导员之能否切实督促与指导。至督导人选，应慎重派定，是又不待言也。本省户口普查之督导制度，虽已臻完善，然尚有应行补充之点，即省督导，督导区域，自应依讲习区域定之，而县督导员之督导区域，应再缩减为一乡镇，因县督导员工作之最紧张期间，为“编户”“查口”期间，然在查户五日，查口七日之短期中，欲亲莅两乡以上之各保，实地指导编查若干户，而又将往返途程计算在内，殊非易事，故不如一乡镇切实有效，又普查员于进行编查之际，应制定简易标识，指示其方向，而利督导员进行督导之工作。①

丁步崇在其文《此次选县户口普查中督导工作之检讨》中，对督导编户查口做有比较详细的论述。他结合普查实施的具体情况，认为督导编查户口主要包括四个比较重要的方面。

1. 在巡回督导问题上

丁步崇认为，督导人员在执行工作之时，普查区副主任因直接督导普查员之工作，必须留在所属之普查区中工作。省县督导员所管辖的区域较广，以致不能固定于一处工作，须巡回所辖的

① 吴澄之：《本省选县户口普查与保甲之联系》，《县政》，1942 年第 6 期，第 23 页。

督导区内。在执行督导工作之时，省县督导员每日各赴一两个普查区，如是两三日内全县各普查区均可以覆盖，工作上可避免重复，而时间与人力又得以充分之利用。再者，省县督导员在巡回督导时，均采用谈话方式，于抵达某一普查区之前，先以电话通知该区各副主任，于约定的时间，在乡镇公所会谈。会谈之际，由各副主任或普查员就其工作上所遇之问题，提出讨论，并立即解决，会谈后即由副主任领导至普查分区，视察普查员实际工作情形。这种会谈方式可避免重复问题的提出，且如有命令及意见，也可用以普遍传达。同时，他也认识到，巡回督导时可能遇到的最大困难，即为普查区副主任不能召集齐全。首先，因工作需要，副主任每日多在乡间奔走，多不能于约定时间内参加；其次，有一部分副主任因本身职务羁绊，将工作任务转托其他主任办理，尤以乡镇长兼任副主任，常有这种情形。对于出现的上述问题，他指出，对于前者省县督导员尚能谅解不究，对于后者应尽力矫正，绝不容许有不负责任的副主任存在。

2. 对于普查疑难问题的解释

他认为，此次户口普查工作异常复杂，每一普查员于县训练时，仅有五日的讲解与实习时间，虽有工作手册作为工作时的准绳，但学识较差的普查员难以完全了解与领悟。所以，省县督导员巡回于各普查区之时，首要的工作即为解决普查员的疑难问题。普查员所提出的问题，多数为实际特殊及复杂的实例，以编户问题为多，而查口问题则较少。丁步崇指出督导员遇有质疑时，应即根据普查方案中的标准与方法详加解释，务必使普查员彻底明了，此外，对于有普遍性的疑难问题，在会谈之际，传告其他普查区，以免重复解释。

3. 在处罚工作不力之普查员上

丁步崇认为，此次户口普查关于编户查口完成的限期，均有严格的规定，如果有一人怠惰玩忽，则全部普查工作都将受到影响，不能如期完成。所以在督导工作实施之际，第二重要之问题，即为普查员中有工作不力者，如何加以处置。普查员中工作不力之情形甚多，他举例："自恃聪明，以为编查工作一二日内即可完成，遂搁置工作不做，待限期迫近，始着手办理，或因事务羁绊，致工作发生中途停顿想象，其甚者不依照规定办理，于编户时即有查口，或抄录旧保甲之口数，以敷衍普查。"① 对此，他指出，遇有类似情形，省县督导员应立即紧急处置，情节轻者予以申斥训诫并严加督促，重者予以撤换，以预备普查员调补，甚至予以传讯拘押，以做到："严格执行，不稍宽假，使颓败风气不致蔓延滋长，而兴一般普查员以良好之印象。"②

4. 改正表册填写之错误

在四川选县户口普查中选调的普查员中，因知识程度不齐，所以填写表册时，常发生错误事项。对此，丁步崇认为，纠正此类错误工作是普查区副主任的专责。事实上，普查方案中关于改正的方法与手续均有详细的规定："限普查员于晚间将当日所查填之普查表册送普查区副主任审查，副主任收到表册后于一日内查对完竣，如有错误事项，则填发还改正事由单，于次日晚间交普查员补查更正。"③ 但实际工作并未能做到此种地步。丁步崇进一步谈道，普查区副主任往往不发还改正事由单，如有错误则与普查员当面讨论改正，如知填写为显然之错误，则代为改正，并不通知普查员。他认为，此种现象发生之原因较多，副主任不

① 丁步崇：《此次选县户口普查中督导工作之检讨》，《县政》，1942 年第 6 期，第 34 页。

② 同①。

③ 《四川省选县户口普查方案》，参见：《四川省选县户口普查之意义与任务》，《县政》，1942 年第 6 期，第 44 页。

愿做零碎工作，颇感填具发还改正事由单的手续烦琐，因之弃而不用，其次为前面提到的不能担任工作的副主任，托其他副主任代理工作，致每一负责工作的副主任工作加重，导致不能将普查员所送到之表册当日审查完竣，遂去繁就简，不愿用发还改正事由单为改正错误之工具。

户政转型时期是四川省户政逐渐跳出保甲系统的重要时段，但这一时期四川省户政系统并未得到根本的变革，标准化户政的推行只在局部实施。其间，四川选县户口普查无疑是最具有代表性的主题。一方面，从选县户口普查实施过程中所产生的文献可以看出，国民政府对四川选县户口普查注入极大心血，从筹划到具体实施，各种方案准备充分，也得到较为满意的结果。另一方面，时人提出问题涉及的内容重点并不完全是对户政改革推陈出新的观点，他们在保甲与户政之联系及户口调查的督导抽查等方面的认识，也是对以往观念的强化。因此，对以往户口调查中出现问题的反思并提出意见是这一时期时人对户政思考的重点。

第六章

“现代化”[①] 进程下四川户政的命运轨迹

从川政统一至四川省户政正式走上全面发展的道路，历时数年。从1935—1936年的首次保甲户口编查开始，经过1937—1939年保甲户口编查的重加整理，到四川省选县户口普查告一段落，四川省户政的发展定势基本形成。但从整体上看，四川省户政系统的建设仍不免有失紧凑，户政制度、机构、人员等要素兹待完善。在四川省选县户口普查之后，国民政府力图在户政领域有所作为，一系列建设举措接踵而至，调整户政的运作变得密集起来。这一时期所形成的户政文献中包含了大量有价值的信息，值得关注的问题很多。其中所记载的户政相关问题，诸如户政机构的变迁、户政人员的管理、户口清查的开展都是影响国民政府时期户政格局的重要方面。目前学界对于户政问题的研究多集中在这个时期。但不少研究还是立足国民政府时期户政的弊端，对其落后的一面进行探讨，未得一个持平之论。其实，这样的说法固然有它的依据，但是也未免失之片面。事实上，哪怕是现代化的户政体系与制度，也具有浓厚的历史渊源。作为脱胎于清王朝的国民政府时期户政，毋庸置疑，其传统性在某种程度上表现得十分充分，而另一方面，其建设的一面亦有所展现。国民政府时期四川户政“现代化”过程中所产生的户政文献，特别

① 这一时期的四川省户政得到不断充实，在制度、机构、人员等关键要素的构建得以完善，户政的业务推进也比以往有效。因此，笔者在这里将这一阶段称为四川户政的“现代化”时期。

是直接脱胎于户政活动的档案文献，为厘清户政研究成果中较少涉及、语焉不详或尚属空缺的诸多问题，储备了较为充分的信息，并为分析户政系统完善过程中各种问题提供了路径。

如果说之前的户政是寓于保甲之中，那么选县户口普查后的四川户政更具有现代化户政的意义。选县户口普查后的四川省户政，正式走出了草创阶段，打破了以往沿袭旧制的格局。户政格局的“现代化”变迁，伴随着国民政府户政政策的调整，四川省的户政事业蒸蒸日上，臻于繁荣。这相较于前期户政开展中出现的各种问题，诸如制度本身缺失、人才严重缺乏、机构设置不全等户政建设的主要问题，有了明显的改观。笔者拟着眼于以下三个方面的内容对户政文献进行解析，尽量还原这一时期四川户政的运行概况。第一，户政机构的变迁。第二，户政部门工作人员的训练。第三，“现代化”时期四川省户政业务的推进。而这三个方面亦正是时人关注户政必所涉及的几个主题。如时任四川省民政厅厅长的胡次威在其民政工作报告中也多次将户政分为“户政机构”“户政人员训练和户政督导”“户口清查及普查”三个方面进行阐述。因此，本章以前述三个方面为主要对象，依据文献所述，对“现代化”时期四川户政的建设情况进行爬梳整理，力图反映这一时期四川省户政的基本面貌，并总结这一时期文献的基本特点。同时尝试勾勒出“现代化”进程中四川省户政的跨越式发展，以及国民党政权在倒台之前，政治环境不良、社会风气腐败的情况下四川省户政由盛转衰的命运轨迹。

一、户政管理机构的变迁

四川省推行新县制之后，国民政府经略四川省户政的态度、方式有所变化。除继续加强户口清查外，开始注重平台，即整个户政体系的完善。这一时期所产生的文献，特别是档案文献中的记载，与户政系统调整变化的关联度很高。这些档案、期刊中所反映的内容，在整个户政体系的建设方面施以浓墨，包括行政权力的分配、户政人员的培训、户籍行政机制建设等关键要素。事实上，这一时期户政系统在四川省、市、县、乡镇各级政府的设立，构成了四川户政由上至下严密的运行系统，各个系统相互联络，互为照应，形成一个稳定的户政组织模式。四川省的户籍行政能在动荡的环境中保持其业务的持续开展，与严密的户政组织模式，不能说没有某种因果联系。因此，要使户政业务能够有效开展，效率能够得到提高，资源能够合理分配，对户政系统进行有效的组织、调整是必然需要涉及的内容。在这一关怀的驱使下，产生了大量与户政系统建设相关的文献。由于四川省的户政系统的完善主要是以机构的设置为标志，机构的完善直接影响到户政执行的效率。因此，户政机构设置也是我们研究户政问题的一个重要指标。本部分以文献中的记载为依据，力图展现“现代化”时期四川户政在机构建设、人员配置方面的基本面貌。

（一）对户政机构设置情况的记载

从时间上看，四川省户政机构设置的改进是在新县制实施以后，其经过了一个逐步演进的过程。时任四川省民政厅厅长的胡次威在《四川民政》一文中对四川户政机构的设置有过回顾，他将四川省户政机构分为省级、县级、乡镇级三个层次。在省一级的户政机构建设方面，四川省户籍行政机构的建立，始于1940年实施新县制之时，“是年一月，省府于民政厅第三科设户政股，专办户籍行政事项”①。至1942年，四川省政府根据内政部所颁布的《省市各级户政机构充实办法》，对民政厅内户政机构再次做出调整。这里我们不妨参照一下《省市各级户政机构充

① 胡次威：《四川民政》，《县政》，1945年第2期，第46页。

实办法》的内容，该办法涉及四项要点，具体如下。

一、省市县各级户政机构如下：

(1) 各省民政厅设户政科；

(2) 各县政府于民政科或警佐室设户政股；

(3) 院辖市警察局设户政科，分局设户政股；

(4) 省辖市警察局于行政科设户政股，分局设专任员警办理；

(5) 乡、镇公所于民政股设专任户籍干事，并得酌用助理员。

二、户政科设科长、技正荐任，督导员荐任或委任，科员技士委任办事员、书记委任或雇用其名额，由民政厅或警察局按实际需要定之，但须呈报省、市政府核准，转报内政部备案。户政科需分股办事，各股设主任一人，由科员兼任，督导员在厅(局)时，一律在科办事。

三、户政股设主任一人，科员、技士之额，由县政府或警察局按实际需要定之，但须呈报省市政府核准。

四、各级办理户政人员，应以曾受户政训练或有办理户政之经验者，尽先选用。①

从《省市各级户政机构充实办法》可以了解到，内政部对户政机构的设置及员额的任用规划得较为完备。四川省政府以此办法为依据更改编制，于民政厅内增户政科，或称第四科，户政科内又分为三股。第一股掌管机构人事经费；第二股负责户口静态调查、户政督导及国民身份证登记；第三股处理户口动态的调

① 成都市档案馆，档号：38－16－02。

查及户口统计，并配有十数名技正及督导员，分别负责技术及督导责任。到此，省一级户政机构的设置基本成型，对于这一系列的调整改进，时任四川省民政厅厅长胡次威的评价是“省级户政机构乃臻健全”[①]。

1. 县级户政机构建设

在县一级的户政机构建设方面，四川省政府制定有《四川省各县设置户籍行政人员办法》及《四川省各县县政府户籍室组织章程》，其主要内容包括：各县政府设立户籍室，综合管理全县户籍事务，内置正副主任各一人，主任由民政科长兼任，副主任由统计主任或统计员兼任，外设科员一人，事务员一至两人，书记一至三人。[②] 至1943年8月，经内政部来文对各县市户政机构设置进行统一，“以各县市政府户政机构设置分歧，饬一律改于县政府民政科内设户政股，将原设之户籍室一律改为户政股，隶属民政科，专室办公”[③]。根据这一精神，四川省政府随即进行调整，并依照内政部《省市各级户政机构充实办法草案》的规定，设专任主任一人，至科员以下人员设置不变。而在乡镇一级的户政机构建设方面，按《四川省各县设置户籍行政人员办法》的规定，在乡镇公所内设置户籍主任，由副乡镇长兼任，户籍助理干事及户籍干事各一人处理乡镇户籍事宜，并按照所辖保数及地方财力，每乡镇酌设户籍员至少两人，专门担任外勤工作，与保甲长取得联系，负责户口查报登记。

我们结合当时各县户政工作报告可以对县、乡镇一级户政机构建设的实际运行情况做大致了解，这里略做列举，成都县：

---

① 胡次威：《四川民政》，《县政》，1945年，第4卷，第2期，第46页。

② 同①。

③ 同①。

(1) 县政府方面的户政机构设置。根据省政府指令，1944 年，将县政府原有的户籍室改名为户政股，隶属于民政科，依据省政府所颁布的《省市县各级户政机构充实办法草案》和《四川省各县政府户政股职掌》的规定，设专任主任一人，二级科员一人，事务员一人。(2) 乡镇方面，成都县乡镇户政人员的设置依据《四川省各县设置户籍行政人员办法》的规定，在乡镇公所内设户籍主任一人，由副乡长兼任，另设户籍干事及助理干事各一人，并按照所辖保数及地方财政，增设助理干事一人。① 华阳县：在机构设置上分为县政府户政机构和乡镇户籍机构两级，与四川省其他县相同，于 1944 年将户籍室改名为户政股，同样隶属于民政科，人员设置按《四川省各县设置户籍行政人员办法》之规定办理。②

2. 市级户政机构建设

市一级的户政机构建设又有不同。市级户政业务承袭民初旧制，是由警察机关办理。以成都市为例，1945 年川政统一之前，由四川省会警备司令部办理户政事宜。川政统一之后，四川省会警备司令改由公安局长兼任。户政事务由公安局接办，并于保安科内设户籍主任专办户政。各区镇署设户籍巡长一人，各分署设户籍巡警一人，调查户口。③ 1940 年实施新县制之后，成都市政府设立户籍室，同时，省会警察局行政科内设户籍股，形成两部门同时办理户政的格局。在这样的机构设置下，问题随之而来，时任四川省会警察局局长徐中齐认为："户口异动登记业务归由市府登记，警局查报，以致人民既有户口登记，又必呈报警局，

① 王运明：《成都县政府户政工作报告》，《县政》，1945 年第 11、12 期合刊，第 34 页。

② 彭善承：《华阳县户政工作报告》，《县政》，1945 年第 11、12 期合刊，第 36 页。

③ 徐中齐：《四川省会警察局户政工作报告》，1945 年第 11、12 期合刊，第 21 页。

故实际上效能未彰，复滋户口事务之纷乱”，“同一市民，受双重管理，工作推行，诸感不便。”[①] 1943 年，经由市政府、省会警察局的联席会议决定，撤销市政府户籍室，将省会警察局行政科户籍股扩大组织，改为户政室。由成都市政府与四川省会警察局共同主管，而具体负责实施办理者为四川省会警察局。户政室设主任一人，股长三人，科员四人，户籍员二十人。户政室下设调查、登记、统计三股，股之间编定有严密的组织联系办法。

（1）调查股、情报组。运用各种查记方法，查明户口调查暨户籍及人事登记事项，在时间上填实资料，并运用组织搜集户口情报，以确知居民之异动性质、素行、来历、思想、生活状态及户政人员在办理户政事务上有无违法渎职情事。

（2）登记股、检定组。根据检定组已经审核无讹之户籍及人事登记申请书，用转属方法，分别性质，办理登记手续，并将内容申请登记与转录之日期转录于户籍及人事登记卡片上。全市各户籍登记处，接受人民关于户籍及人事登记申请书，以及调查股暨各分局所查有户籍重复或其他可疑之户口，均须先送检定组，按照各该户住址或姓名之四角号码及同音异字拼译，或以人像号码，或以简易指纹，分析其人像及指纹，在各种索引簿上，查得该户口之一定号码后，即于户口卡处框内寻找，如经寻获，加以审核，并鉴识其是否此人，或重复，或化名，是否与犯罪案件有关，再做具体答案。如变更登记，即将寻获之卡片，取出附于申请书转送登记股办理，登记后，再发交各区登记户籍簿或人事登记簿。所有新申请登记及调查发现之遗漏申请者，由此组填入户籍或人事登记卡片外，并按照其住址或填姓名、人像号码、指纹号码，另行编制索引，以供检查鉴识。登记股、检定组为户

---

① 徐中齐：《四川省会警察局户政工作报告》，1945 年第 11、12 期合刊，第 22 页。

政室工作的中心组织。

(3) 统计股。关于户籍及人事登记之各种申请书、报告表等，经登记股审核登记，同时送至此股整理资料，分别编制各种动静态应用统计，每日可以获得全市之正确户口数字。

除了在警察局扩大户政室规模外，各分局也设有户政联合办公处，设专管户籍员及户籍助理员各一人。各分驻所设有户籍登记处，每保配设户籍生一人，并以第一保户籍生兼任户籍警长，负责管理监督该区户籍生及有关户政事务。①

从上述文献中可以看出，四川省各级户政系统从理论上进行了详细规划，分工层次清晰，职责划分详细，既有同级机构内部的分工，也有各级子系统间上下相连的照应，共同构成一个严密的户政运行系统。而在实际的运作过程中，各县基本上也能依照相关规定，按部就班地将机构人员设置完成。从时间上来看，四川省各级户政机构的设置正式开始于 1942 年《省市各级户政机构充实办法》颁布之际，这一庞大的系统历时两年设置完成，表现出极高的行政效率，这大抵上与国民政府对户政的日益重视是分不开的。而提到国民政府对于户政机构设置力度的加强，亦有其他方面文献可资参考佐证。

前面提到，1935 年川政统一之后国民政府大力推行保甲制度，四川省户政依托于保甲，步履蹒跚，缓慢前行。1941 年筹备选县户口普查时，户政与保甲开始享有同样的行政地位，举行人口调查之时，两者相互联系，互为体用。至 1942 年，这一态势在某种程度上又有变化，重庆市档案馆的一组档案引起笔者注意。市一级户政机构设置中在警察局增设户政科，1942 年 12 月，内政部在复核各分局户籍室、检查哨所经费预算书后，认

---

① 徐中齐：《四川省会警察局户政工作报告》，1945 年第 11、12 期合刊，第 23 页。

为："该局增设户政科后，关于原有之保甲既失去其重要性，则该科应办事项应并入户政科以节经费。"[①] 内政部的这一表态极具有导向性。以笔者分析，这一态度包含两层含义，一是保甲的实施与户政的开展在业务上有所重合，二是当时户政机构充实的重要性似乎已胜于保甲机构的建设。当然，重庆市警察局对于这一表态也有所回应，认为该局增设户政科，为添设户籍行政机构，与原有主管地方自治之保甲科，毫无重复之处。"今内政部意见，竟以本局'既增设户政科后、保甲科机构既失其重要性'等语核复，实系未明本局组织机构与业务划分之所致。"并就保甲科与户政科的机构及业务性质与工作效率分别做出回应：

就健全机构而言：国父手订地方自治开始实行法之六要目中"立机关"列居第二，诚以筹备自治之机关是否健全，关系于实施自治之进度者巨，本市现行之保甲机构系遵照叠经呈奉国防最高委员会核准施行之"重庆市改进保甲□成人民自治实施程序"，与呈准内政部备案之"保甲科组织规程"之规定办理，主旨在使管教养卫合一，警保密切联系，暂以官治为手段，终以自治为目的，现全市依照警察区划分为十七区及一水上区，区下共分七十六镇，镇下共分六百五十九保，保下共分七千三百八十五甲，依照上述实施程序乙项第一款规定："警察局为市政府之保甲主管机关"，而保甲科厥为本局内职掌保甲业务之机构，亦即本市唯一推行自治业务之机构，欲求本市地方自治之早日完成，方图将保甲科机构加强之不遑，焉能分割归并，使本市竟无一□理地方自治之机构，至内政部意见，谓"户政科增设后，保甲科机构即失去其重要性"云云，查保甲制度即为地方自治之下级机

① 重庆市档案馆，档号：0053－0002－00236。

构，为法令所明定，故无论何种机构之设置，而保甲机构决不丧失其重要性，此应请仍将保甲科保留者一。

就业务性质而言：本局保甲科之职掌，为实施地方自治，已如前述，故举凡内政部规定之“地方自治实施方案”、“乡镇保应办事项”等，及本局关于保甲方面之单行规程，亦不下三十四种之多，推动策进，计划考核，均为该科之职责，且“保甲组织不仅为一政治工作之组织，并含有经济之作用”，为我总裁所时时昭训者，故如推行地政之协助，公共造产之加强，合作组织之普遍开展，自治经费之收支监督等，亦莫不为保甲之重要业务，尤以本市八千余保甲人员之组训，全市各镇保自治工作之竞赛，是项重大业务，断非户政行政两科所能包含，亦决无法将其分别归并，至户政科将来接收，本市居民身份登记工作，随时办理全市八十万居民身份异动登记，监督指挥市区各三十七检查哨所，办理出入境登记之核发注销等事务，行政科则原有其警察业务办理、维护治安、管理交通、改善环境卫生、取缔特种营业以及防护业务之推进，义勇警察之组训、协助管理物资、平定工价、限制消费、动员人力等各项战时警察之应办业务，上列两科，不但其本身业务已极其繁重且顾名思义，亦无法包含全部之自治业务，此应请将保甲科保留之二。

就工作效率而言：本市保甲科自呈奉“本市地方自治第一年度、第二年度分年别因进度表”以来，即遵照规定，督率全市保甲人员逐步实施，一面奉行政府法令共赴动员，一面领导民众致力自治，年来如清丈土地，办理粮食立约供应，募款与建学校校舍，协助田赋征实，镇保组设合作社，举办冬防自卫夜巡队，策动民众兴建防空洞等，举凡管教养卫应办事宜，每筹垫巨款，发动人力，共赴事机，此外如征送兵役则每超配额，救护空袭则血汗交流，虽不敢自诩为面面俱举，亦不无微效，足观其实际状况与统计数字，曾蒙委座指定，内政部按□派员莅市督导，有案习稽，今功犹未半，若将其分割更张，则恐不但减削工作之效能，且恐影响已往之成就，本市实行警保联袭，对于推进行政令卓著成效。如将该科裁并，则八千余保甲人员之组训及人事考核，将无专科负责，一旦奸伪潜入，不惟阻碍自治，抑且妨害治安，此应请将保甲科保留者三。①

对于重庆市警察局的释疑，行政院发出指令，“姑准暂缓裁撤，惟所需经费在核定之户政科经费内划列”。这里有可以通过档案对重庆市户政科及保甲科的员额设置及薪别情况的记载，对两科的人员和费用做大致概括，如表6-1所示：

表6-1　重庆市户政科、保甲科编制表

户政科编制			保甲科编制		
职别	员额	薪别（元）	职别	员额	薪别（元）
科长	1	32000	科长	1	32000
督导	2	28000	科员	6	16000
技正	1	26000	视导员	6	16000
技士	2	16000	办事员	4	12000
股主任	3	20000	雇员	4	8000
科员	6	16000	公役	4	4000
办事员	6	12000			
雇员	10	8000			
公役	6	4000			

资料来源：重庆市档案馆，档号：0061－0003－00373

① 重庆市档案馆，档号：0053－0002－00236。

对于行政院的指令，重庆市警察局显得十分为难。认为户政科的编制和经费仅够维持户政业务，“如将保甲科经费在户政科经费划拨实属无法编列”①。重庆市保甲科虽勉强得以保留，但遭遇经费筹措之困难，显得十分落魄。这里不妨再看看行政院在处理户政机构经费时的不同态度。行政院曾在同年的一份训令中指出：“各省市政府对于中央拨补户政经费，不得籍口任何理由呈请移用，以利要政推行。”② 重庆市警察局保甲、户政两科在机构设置及经费规划上的不同境遇，正好说明了当政者在市一级户政机构设置上的基本态度。这一情况可以辐射出四川省内市级户政机构建设的大致境遇。

（二）户政业务回归户政机关——市级户政机构的调整

户政机构的调整是四川省户政系统建设的一个核心问题。对其进行考察是把握国民政府时期四川户政的一个重要方面。从《县政》中所载时人的户政工作报告，以及存于各级档案机构中的档案文献可以清晰找到四川省户政机构建设稳步推进的脉络。当然，在这一脉络中也不乏特殊情况的存在。在省、市、县三级户政机构的设置中，四川省民政厅内增户政科，县政府设立户籍室，也就是说，省、县两级户政业务都是由专门户政机关独立办理。而市一级的情况不尽相同，如成都市，其户政业务是由省会警察局行政科户政股与市政府户籍室共同办理，这样的格局一度导致户政管理混淆，以致效率不彰。尔后，为缓解这一局面，省会警察局行政科得以扩张，成立户政室，但市局共管理的局面未得到根本改变。而这一形势在重庆等市有着雷同的情况。1946年修正《户籍法》颁布，警察机关与民政机构共同办理户政的

---

① 重庆市档案馆，档号：0053 - 0019 - 02647。

② 重庆市档案馆，档号：0053 - 0019 - 02690。

局面得以打破。

1946 年 1 月 3 日，《户籍法》经第二次修正后颁布，其中第三条规定，户籍行政之主管机关，在中央为内政部，在省为省政府，在县为县政府。同时第二条规定，该法关于省、县的规定，复又适用于院辖市、省辖市。[1] 同年颁布的《户籍法实施细则》第三条进而强调："市政府应于民政局设户政科，未设民政局之市应于市政府设户政科。"[2]《户籍法》与《户籍法实施细则》的规定，无疑为四川省的市一级户政业务回归民政机构创造了法理上的准备与依据。而行政院根据内政部的呈文做出了相应指示：

查市之户政机构，因旧户籍法施行细则规定，得由警务局办理。因此，院辖市、省辖市及省会所在地，在市政府及区公所设置户政机构外，同时警察局亦设有户籍科室办理户籍事务，形成双轨并行，事权不一，久为各方所误解，而于市区户政工作之指导监督尤感不便。现在修正户籍法及其施行细则业于本年一月三日及六月二十一日分别由国民政府及钧院公布施行。依据修正户籍法第六条暨户籍法施行细则第三条第五条之规定，市政府应于民政局设户政科，设民政局之时于市政府设户政科，市之各区比照县之乡镇，以区长兼户籍主任并设户籍干事及按保设户籍事务员。又钧院六月十一日第七四六次院会通过之南京、北平、青岛等市政府组织规程，对于户政业务均列于民政局职掌之内。而陕西省各县城区户籍事务原由警察机关办理者，亦经钧院令饬依照修正户籍法实施细则之规定一律划归县政府民政科及各县乡镇公所办理。各在案兹为划一事权起见，所有各级"市"之户籍行

---

① 《户籍法》，成都市档案馆，档号：38－16－20。

② 《户籍法实施细则》，成都市档案馆，档号：38－16－20。

政系统亟有依法调整之必要。①

同年颁布的《调整各市户政机构原则》对市级户政机构的调整作有较为细致的规定，具体包括：

一、各院辖市及省辖市依照修正户籍法及其施行细则之规定，将原由警察机关办理之户籍行政改由市政府及各级自治机关办理，至迟于三十六年一月以前移交完毕，其移交办法或步骤由各级市政府自行酌定，报内政部备案。

二、警察机关原有的户口调查机构保留一小部分办理有关治安之特种调查事宜，其余人员或移交市户政机构，或予裁除。

三、省辖市各未能设科办理户政时准予先行设置户政室。

四、户政业务移交户政机关办理后，户政机关与警察机关为避免重复切取联系起见，各市警察机关应尽量利用户政机关之人口资料，其需要项目为户籍簿册所无，必须另制书表，查填时其无时间限制者应与户政人员会同办理，如因案情紧急警察机关必须紧急处置者，警察机关于调查后须将调查所得之有关户政事项通知户政机关。②

《调整各市户政机构原则》颁布后，各市随即对本市户政机构做出相应调整。这里我们以重庆市为例，做一例证性考察。该市对于户政机构的调整分为两个方面的内容。其一，按照《调整各市户政机构原则》规定，警察局将全部户政机构人员、表卡、设备等移交民政局接管，警察局另行设立特种户口调查机关。另

① 成都市档案馆，档号：38－16－12。

② 《调整各市户政机构原则》，重庆市档案馆，档号：0053－0002－00438。

外，以六至九月为民政局准备时间。在准备期中，市训练所应提前完成户籍人员训练，警察局将现任的户政人员移交一部分至民政局先行成立户政股，正式交接后，警察局再将全部户政人员交由民政局成立户政科。其二，在重庆市机构调整尚未正式实施之前，警察局在这一过渡时期仍旧负责诸如国民身份证发放等户政业务。①

从重庆市的户政机构调整来看，警察机关在移交户政业务的同时，仍于行政科下设置户籍股办理有关治安之特种调查事宜。《警察机关调查户口与户政机关联系办法》对移交户政业务后的警察机关办埋相关事宜的规定有三：第一，警察机构基于治安及防患之目的，对辖区户口进行必要之调查，并对一般户籍行政处于协助地位；第二，警察机关需用户口资料时得随时派员向户政机关请求查阅户口簿卡，户政机关及其人员应予以便利；第三，警察机关调查户口应以特种事宜为原则，其需对一般户口为临时或必要之抽查时，应会同户政机关办理。② 从以上内容不难看出，这里的警察机关办理户政的权力受到极大削弱，处于“协助地位”，调查户口以有关治安的特种事宜为限。随着业务权力的转换，警察机关内部户政业务机构名称也随之变动。在成都市档案馆中的馆藏档案中，笔者找到四川省政府送成都市政府的一则训令：

查修正户籍法暨施行细则公布施行后，户籍行政划归户政机关办理，警察调查户口机构与人员名称应与户政机关有所区别。

① 重庆市档案馆，档号：0053－0002－00438。

② 《警察机关调查户口与户政机关联系办法》，重庆市档案馆，档号：0057－0015－00144。

> 将原有之户政（籍）科股或室一律改称为户口科股或室。其内勤人员与其他科股或室之职员同样称谓，外勤工作应加强行政警察之责任，由警员普遍办理，并将专设户籍员生之名称一律取消以符名实。①

在与警察机关交接完毕后，各市的专门户政机关户政科正式成立。户政科具体职责按《四川省各县（市局）政府健全户政机构办法》，分为十项：（1）关于保甲编组户口调查事项；（2）关于户籍登记及国民身份证事项；（3）关于户口普查事项；（4）关于户口统计及图表之编制事项；（5）关于户籍表报之编制审核及汇总事项；（6）关于户口册籍之登记保管及改正事项；（7）关于户籍纠纷之处理事项；（8）关于乡镇以下户政人员之训练事项；（9）关于乡镇以下户政人员之监督指挥及考核奖惩事项；（10）其他有关户籍行政事项。② 这里，笔者以成都市政府户政科为例，将户政科内部设置及职责列于表6-2中：

表6-2　成都市户政科内部设置及职责

科室名	股次	职掌
户政科	第一股	关于保甲编组户口调查事项
		关于户政人员之训练事项
		关于户政人员之监督指挥及考核奖惩事项
		关于户政经费预算之编制事项
		其他有关户籍行政事项

① 成都市档案馆，档号：38－16－12。

② 成都市档案馆，档号：38－16－12。

续表

科室名	股次	职掌
户政科	第二股	关于户籍登记事项
		关于户口册籍之登记保管及改正事项
		关于户籍纠纷之处理事项
		关于户口普查事项
	第三股	关于户口统计及图表之编制事项
		关于户籍表报之编制审核及汇报事项
		关于国民身份证之填发事项

资料来源：成都市档案馆，档号：38－16－12。

至此，四川省内市一级户政业务亦归入户政机关专门办理，四川省整个户政机构的“现代化”转型基本完成。

二、户政部门工作人员的训练

对于进入“现代化”的四川户政来说，户政发展的平台，即机构建设调整完毕之后，人力资源便是接下来需要解决的另一个关键性问题。实际上，在此之前的记载户政人员培训的文献并不多见。1935—1939 年，户政寓于保甲之时，国民政府关注防共反共、清乡剿匪。而这一时期户籍人员之职责由保甲长代理，并无大规模进行户政业务培训的组织。四川户政转型时期的选县户口普查，彭县、双流及崇宁三县户籍人员的集中培训也只经历短短数日，既无培训原则、办法的规定，亦无各级政府的严密组织，以致那两段时期很少有关于户政培训方面的文献，可资利用的文献十分稀少，即使有也是不成体系的单份文件。就目前所保存的档案与期刊来看，户政培训方面文献的大量产生，还是集中在四川户政进入“现代化”时期之后。

“户籍行政为新政之一，省府为谋工作推进迅速起见，特先从健全户政人员入手”[1]，这是当时四川省民政厅厅长胡次威在其民政工作报告中对户政人员培训的认识，无疑也代表了这一时期省政府对于户政工作的基本态度。正值四川省户政蓄势待发之际，内政部于1943年颁布《各省市户政人员训练暂行办法》，并函送四川省各级户政机构。《各省市户政人员训练暂行办法》的出台，无疑为健全户政人员调训机制提供了基本依据。因为该办法是普发性文件，目前省市两级档案馆均有存留，笔者这里以成都市档案馆所藏为例。该办法内容翔实，对培训人员、培训组织、培训时间、培训内容有着较为明确的规定。

在受训户政干部人员的范围方面的规定：（1）省政府及院辖市委任以上之户政人员；（2）县政府委任以上之户政人员；（3）乡镇（市之区）户籍主任及干事；（4）保办理户籍之人员；（5）警察局所属分局所办理户籍之人员。

在培训组织方面的规定：（1）省政府及所属市县政府委任以上人员，由省地方行政干部训练团设户政组训练之；（2）乡镇户籍主任及干事，由县地方行政干部训练所设户政组训练之，必要时得由行政督察区训练班集中训练；（3）保办理户籍之人员，得由县地方行政干部训练所会同县政府，派遣曾受户政训练之人员分区讲习；（4）得于市政府所在地设立户政干部训练班或于警察训练所附设户政班训练全市办理户籍之人员。

在培训时间方面的规定：（1）省市县委任以上户政人员两个月；（2）乡镇（市之区）户籍主任及干事一个月；（3）保办理户籍之人员十五日。

在培训内容方面的规定，除精神训练、政治训练、军事训练

---

① 胡次威：《四川民政》，《县政》，1945年第2期，第47页。

及训育实施，增授以下业务课程：（1）户籍法详解；（2）户口调查概要；（3）户籍及人事登记缺席；（4）卡片运用；（5）指纹辨认；（6）户口统计实务；（7）国籍行政概论；（8）兵役法；（9）警察学大意。各项训练时间的划定标准为：精神训练、政治训练、军事训练各为百分之十；训育实施百分之二十；业务训练百分之五十。①

四川省政府以此办法为参照，制定《四川省政府调训各县市户政干部人员实施计划》，于四川省地方行政干部训练团内专设户政组，调训各县市户政干部人员。1943 年 2 月，大规模的调训正式开始。省政府即征调省政府及所属市县政府委任的户籍人员 126 名着手培训事宜，主要训练科目为本省户政概要、户政实务、户口普查、户籍法规、户口统计、户政管理、保甲法令、户口异动等八项。② 训练历时两个月。受训人员经由民政厅分发至各县市服务。

另外，重庆市档案馆保存的一份《重庆市户政人员训练班训练计划大纲》大致为我们呈现了市级户政业务训练的基本情况。1943 年，重庆市警察局警训所内设置户政培训班。定于 3 月 6 日开学至 5 月 15 日结业，历时两个多月。该培训班设主任一人，由市长兼任。副主任一人，由警察局局长兼任。正副教育长各一人，由警察局派遣高级人员兼任。训练班内设教务、训育、事务组，每组各设组主任一人，组员三人至五人，大队长一人，中队长三人，分队长若干人，兼班主任之职，负责指挥监督、分办教务、训育、军事管理等。该培训班共分高级、初级两种，高级训练班计划训练六十名，抽调警察各分局现任户籍员及区镇干事训

---

① 《各省市户政人员训练暂行办法》，成都市档案馆，档号：38 - 16 - 10。

② 胡次威：《四川民政》，《县政》，1945 年第 2 期，第 47 页。

练。初级班训练一百二十名，抽调警察各分局所现有户籍警长或一等户籍生训练。训练课程与省调训班有所不同。共分三类：

第一类（政治训练）：总理遗教、总裁言论、新生活运动纲要、国民公约、国民精神总动员

第二类（学科）：地方自治、保甲须知或新县制保甲、户籍法、民刑法大意、违警罚法、统计学、户籍实务、社会调查、普查法及军事学

第三类（术科）：制式教练、团术、应用体操①

在训练时数的安排上，第二类课程占时数的百分之七十。从内容上看，第二类课程多为户政业务的主干，说明训练班对于户政业务的训练还是相当重视的。市级户政业务训练班结束后，经考试合格，初级班学员以户籍警长任用，高级班学员以户籍员任用。

另外，在乡镇方面，对包括乡镇长、副镇长、户籍主任、户籍干事、民政干事、户籍助理干事在内的乡镇户政人员进行业务培训，省政府规定各县市局召集各乡镇户政干部，举办 5 至 10 日的讲习会，并颁发《户政人员手册》。截至 1944 年 3 月，全川共有 131 个县市局举办户政培训。参加训练人数为 51723 人。②

从上述内容不难看出，户政人员培训作为户政“现代化”时期的重要内容，倍受四川省政府重视。在培训户政人员的过程中，产生的有关户政培训的文献，特别是档案文献，有着十分清

---

① 《重庆市户政人员训练班训练计划大纲》，重庆市档案馆，档号：0061－0003－00327。

② 胡次威：《四川民政》，《县政》，1945 年第 2 期，第 47 页。

晰的发展脉络。通过对文献的梳理，大致可以从五个方面对“现代化”时期四川省户政人员的培训情况进行概括。第一是在训练人员抽调方面，各级训练班、讲习会以相关办法、规定为依据，根据自身业务特点，规定招收人员的基本条件，有的规定较为具体，有的规定较为宏观。第二是关于训练人员的数量。不同层级的训练班又有所不同，如四川省地方行政干部训练团内设户政组，征调省政府及所属市县政府委任的户籍人员126名。又如，重庆市举办户政人员训练班，训练户籍人员180名。第三是户政训练的时间。户籍人员的训练时间，各级训练班、讲习会的规定有所差异，有两个月、一个月及十五日三类。当然，此时限也不完全固定，“训练期间，必要时得延长或缩短之”[①]。第四是关于训练课程内容。对于训练科目，四川省的户政培训基本以《各省市户政人员训练暂行办法》为蓝本，该办法只是做了一些原则性的规定，各级训练班、讲习会根据实际情况进行安排，并配有统一的教材《户政人员手册》。第五是关于学员毕业后的去向问题，训练完毕后都有明确的服务去向或就职岗位。如，四川省地方行政干部训练团内户政人员培训完成后，由民政厅分发至各县市服务。

一方面，对于户政人员培训结束后的服务情形，曾一度出现将户政人员改调其他职务或户政人员不得充分任用的情况。这一情况在四川省亦有出现，只是程度有所不同。这里笔者找到一份报告，来自重庆市户政训练班学员饶然：

自户政初级组毕业后分发临检队工作，前因家庭纠纷气而成疾，遂请长假返家就医，现已全愈正当努力工作，以报教育之恩

① 《各省市户政人员训练暂行办法》，成都市档案馆，档号：38－16－10。

而尽受训之□，正值胜利在望之期，凡属青年皆报□服务为目的，兼之生活高贵之际能无业乎，处此生活维艰痛苦成分之时，故特呈恳设法安插户政工作。①

对于类似情况，四川省内各级政府、民政机关都十分重视，并采取措施进行修正，有相应文献可资参考。同样以重庆市为例，市民政局曾发出训令：

近来各省市政府有因主管长官更替，将曾受训之户政人员改调其他职务，或有人事更动仍将已受专业训练及格之人员置于闲散不获升充主管业务。此等措置深恐失去训练用意。对于业务推行转移多影响，特电请查照，对于已受训练之人员仍希切实予以保障。如因人事更动并请查酌服务情形，尽先以曾受户政训练专业人员择优升补。②

另一方面，内政部根据对于户政人员培训结束后的情况，认为："户政人员训练对于提高户政人员素质尚有相当成效，惟各级训练期均甚短暂，所能增加学员学识有限，结业后如不继续使之进修，则非但学识不能长进，即所得训练成果亦易消失。"③随即编定《户政人员通讯辅助办法》，函送四川省各级户政机关，用以辅导各级受训的户政人员进修学术、交换经验以提高工作效能。该辅导办法在各级户政机构设置辅导员，各通讯员至少每年6月及12月应将过去6个月内情形以十行纸缮写，径向内

① 重庆市档案馆，档号：0061－0003－00397。
② 重庆市档案馆，档号：0057－0013－00017。
③ 重庆市档案馆，档号：0053－0007－00083。

政部户政司报告一次。内容包括：（1）工作概况；（2）工作经验与感想；（3）对户政制度及户政有关事项之建议；（4）专题研究；（5）执行职务所遇疑难问题。[①] 内政部户政司接到通讯报告应随时分别核复并为解释疑难问题。

观照省市政府的有关户政人员训练的指令，以及内政部颁布的规定、办法，我们结合户政人员训练的整体情况，可以看到“现代化”时期户政人员的基本知识层次及个体素质与前段时期相比已发生质的变化。经过户政训练的人员为户政业务的革新、管理水平的提高夯实了人力资源基础。

三、“现代化”时期四川户政业务的推进

国民政府时期的四川户政在进入“现代化”之前，全川经历的人口查记活动不多。有系统记载的大规模人口查记为1935—1936年及1937—1939年的两次保甲户口编查，均是在户政寓于保甲时期发生，具体情况在前面进行过解读。当时在四川省民政厅所办的期刊《县政》中，就记录着时人对此的看法。如民政厅长胡次威就对当时几次保甲户口编查的效果评价道：“各县市局之户口，或因以往办理不甚完善，或因清查之后未继续办理户口异动，至全省人口数字，仍难确认为确实无误。”[②] 在这一背景之下，新一轮的全省户口调查蓄势待发。至1943年，出现了新县制实施后的第一次大规模户口清查。这一时期，四川省各级户政机构基本构建完成，户政人员的训练亦在有条不紊地进行。

一方面，政府对于户政的重视与日俱增，从户政宣传标语中

① 重庆市档案馆，档号：0053－0007－00083。

② 胡次威：《四川民政》，《县政》，1945年第2期，第48页。

可以看出其态度：

一、推行户政增强抗战建国力量
二、户政为一切政治的基础
三、户籍法是保障人民权利的法律
四、调查人口促进地方自治
五、推行户政人民才能行使四权
六、调查户口时要照实报告
七、户口变动时要自动声请登记
八、清查户口保障地方治安
九、人人有协助推行户政的责任①

另一方面，各级户政机关也不断改进工作方式，促进户政业务提升。比如民政厅长胡次威曾提到的“办理户口异动”问题，重庆市强化户口异动调查方案为：

1. 利用身份证总检查清理户口调查册。2. 将存总局之户卡发交各分局，与户口调查册对照改正，将来再根据户卡抽对。3. 户口调查表保结单各种异动证由警察局从速加印，其印刷费在本年度户籍临时费余额四十万元内开支。如仍有不敷时，得呈准在身份证工本费内拨补。4. 将本市户口异动规则公告周知，使民众有所遵循，期能自动报告。5. 由户籍生各依所担任之户口段按日调查五十户，发现有异动时随时变更登记。6. 现在“保”之范围行将变更、户口段应重行划分，并由户政科与保甲科洽定

① 《户政宣传标语》，重庆市档案馆，档号：0053－0007－00083。

以期妥适。[1]

1943年，四川省政府依照内政部咨送的《县保甲编查办法》，制颁了《四川省各县市局保甲户口编查办法施行细则》，决定再办全省户口清查。于1943年4月起至7月止为户口清查完毕期，并由省政府派员分区督导。至户口清查结束，查得确切人口总数46184777人。[2] 这次全省户口清查，既有前期户口清查经验之总结，复有机构、人员健全之准备，所得结果算得上周密翔实。事实上，这次户口清查是四川户政"现代化"的前奏，以全国户口普查的酝酿为标志，国民政府时期四川省户政业务的推进达到其发展的顶峰。

户口普查是以科学的社会调查方法，查记整个国家领土以内，在指定的标准时间里，对全国人口的静态调查，查记项目涉及户数、人口数、性别、年龄、婚姻状况、教育情况、职业分配、健康状况等关于人口属性的一些事项。对于国民政府来说，户口普查是调查基本国势、健全地方自卫与自治组织的重要手段。1941年的四川省选县户口普查，为特殊时局下的局部试查，却开四川省乃至全国户口普查之先河。承接该次户口普查之余绪，1943年选县户口普查继续在四川省办理。10月举办成都市户口普查，同年，四川省政府会商主计处，选定四川省第一行政督查区中的温江、成都、华阳、新都、郫县、新繁6县为普查区，整个普查事务由四川省选县户口普查委员会主持，并定1943年12月23日为普查标准日进行户口普查。普查具体数据如表6-3所示：

---

① 《改进重庆市户政谈话记录》，重庆市档案馆，档号：0053－0007－00083。

② 胡次威：《四川民政》，《县政》，1945年第2期，第48页。

表 6-3　温江等六县普查数据表

项别	工作开始日期	标准时刻	普查结果			
			户	口		
				共计	男	女
成都市	1943 年 8 月	1943 年 10 月 29 日午夜	107047	503447	294532	208915
温江县	1943 年 10 月	1943 年 12 月 23 日午夜	36063	171844	88808	83036
成都县	同上	同上	36671	171889	98273	79616
华阳县	同上	同上	96927	489910	265433	224477
新都县	同上	同上	30007	160464	85919	74545
郫县县	同上	同上	39228	175009	90447	84562
新繁县	同上	同上	21630	106225	56315	49910

资料来源：《四川省十县市户口普查结果比较增减表》，《县政》，1945 年第 2 期。

此次选县户口普查正逢四川各市县政府户政机构改革，县级户政机构在县政府民政科内设置户政股，隶属于民政科，内设专任主任一人，外设科员一人，事务员一人至两人，书记一人至三人。乡镇级户政人员设置为乡镇公所之内设置户籍主任一人，户籍助理干事及户籍干事各一人。机构完善的同时，按省县两级设置四川省训练团户政干部训练班和某县户政干部训练班，对户政人员进行培训。[①] 户政体系的完善与规范使得这次户口普查成功举办，为全国户口普查奠定了基础。

1945 年，国民政府时期户政工作在改进中继续完善，户政

① 《户政》，《县政》，1942 年第 2 期。

业务由内政部接管，并规划全国户口普查一切事务[1]，户口普查主要由内政部户政司继续办理，主计处负协助之责。1946 年 11 月，内政部代电发至重庆市政府、民政部门，为全国户口普查集思广益，征求意见：

查全国户口普查，在以科学之查记方法，求得有关户口静态之一切客观事实，而明了基本国势工作，至为重要。欧美各国每五年或十年举办一次，历史已久，成绩卓著，我国自应急起直追，尽速筹办。修正户籍法规定户口普查以本部为主管机关，业经拟具户口普查法草案。在完成立法程序中，本部鉴于国际统计学会决议，各国办理人口普查均以公历末尾“0”年为准，而欧美各国确亦多于此等年份举行人口普查。兹为使我国户口普查资料能够与世界上大多数国家之人口资料时间划一，便于研究起见，拟于民国三十九年（即公历一九五零年）举办第一次全国户口普查，并拟于民国三十六年前完成规划工作，三十七年与三十八年两年完成筹备工作。惟此事在我国尚属创举，本部集思广益起见，特电请贵市就各级普查机构之设立人员之训练经费之筹措，人口之标准普查之日期及标准时刻普查之方式，统计之办法等，详开意见籍供拟定全国户口普查方案之借镜。[2]

1947 年，户政司出台《户口普查法》，该法对户口普查举办时间、普查对象、查记事项、普查经费来源等进行了说明，之后，户政司开始制定第一次全国户口普查计划草案。1948 年，

---

① 包惠僧：《1947 年内政部筹办全国户口普查的一组史料（上）》，《民国档案》，1992 年第 4 期。

② 重庆市档案馆，档号：0053 - 0007 - 00074。

行政院发布《第一次全国户口普查计划》[1]，该计划规定：（1）户口普查于1951年举办，以10月1日上午零时零分为标准时间，1950年1月1日至1954年12月31日为办理时期；（2）普查机构分全国户口普查处、省户口普查分处、县市户口普查所，由行政院统一领导，分级管理；（3）各县应划分为若干督导区和普查区，普查区之大小，以一普查员能于普查期限内调查完成为原则；（4）户口查记事项包括姓名、称谓、性别、年龄、本籍、婚姻状况、教育程度、职业、在本县（市局）居住是否满六个月；（5）普查经费由中央国库开支；（6）户口普查时采取预查复查法，先办预查，之后核对，调查工作由普查员挨户直接访问，督导员按普查区巡回督导。

四川省政府接到方案之后，严格依照办理，即使是在国民政府倒台前夕，局势动荡不安之时，也不敢松懈，并做出高度重视的姿态。例如：四川省政府就曾在财政紧张之时，要求各级户籍人员不得随意裁减，并不得另派他项工作。[2] 响应政令的态度是值得肯定的，但执行结果的失败自不待言。1949年，中华人民共和国成立，从1937年至1949年，国民政府经过了13年的筹备，投入大量人力物力财力的全国户口普查最终以失败了局。

伴随着国民政府户政政策的不断调整，四川省户政事业臻于繁荣，相应产生了大量文献。这一时期户政文献的产生，有其深刻的历史文化背景，诸如社会政治环境、社会需求的影响及户政业务开展的导向等。这些因素相互影响为户政文献的产生特别是档案文献的产生提供了土壤。在四川省户政趋向“现代化”的

---

① 成都市档案馆，档号：38－16－20。

② 成都市档案馆，档号：38－16－12。

发展过程中所产生的文献，展示了国民政府在面对经济和政治形势的压力下，其户政系统逐渐被改进的情形。文献记录的重点在于：机构的设置及完善、人员的充实、法规的制订和修正，以及户口普查的筹备。在内容上既包括了四川省户政系统逐步完善的记录，也包括了对户政建设及人口调查实施方案的反思。尽管难免存在残缺之处，但大致反映了国民政府时期户籍行政“现代化”的进程。抛开行政效率不谈，解放前夕的民国户政在程序上得以规划完毕，也展示了国民政府时期四川省户政建设的一面。

第七章
文献特点及史料价值

一、文献特点

国民政府时期四川省户政的整个演变过程历时数十年时间，其间不管是全国和四川省的政局还是户政活动开展的相关要素都发生了很多变化。从文献中记载的内容来看，横向可将四川省户政的发展变化划分为不同的方面，如制度的颁布、机构的设置、人员的健全及户口清查的推行等。从纵向来看，这些文献中记载的内容总体来说是发展的，也就是说，这些文献为了解四川省户政变迁的轨迹勾勒出了一条主线。但在不同的时段，随着不同的情势，这条主线在不同阶段表现出来的态势并不相同。大体而言，这条主线可以划分为三个阶段。（1）1935 年川政统一后，四川省隶归中央政府，全川即按中央政府要求推行保甲，其目的是为了严密民众组织、彻底清查户口及完成剿匪清乡工作。这一阶段四川户政以保甲为依托，在与保甲的互动之中缓慢发展。“户政寓于保甲”是这一阶段四川户政文献的基本特征。（2）1939 年实施新县制后，户政在四川省日渐受到重视，并尝试逐渐打破其发展瓶颈，从保甲的樊篱下解脱出来，使其带上了些许“现代化”的色彩。这一阶段是四川户政承接前一阶段余波并走向“现代化”的滥觞阶段。尔后，四川省户政在中央政府的支持下，选定彭县、双流及崇宁三县举办全国首次选县户口普查，在局部推行标准化的户政业务。这一阶段历时不长，却在四川省户政转型发展的过程中发挥了承前启后的重要作用，所产生的文献，特别是围绕选县户口普查的相关文献较为集中、系统，这对分析四川省户政特定时期局部地区的发展程度不无典型意义。（3）随着户政机构设置完毕、户政制度的陆续颁布、户政人员逐步健全及户政业务不断推进，四川省户政的体系基本构建完成，这是四川户政走向高潮的一个阶段。这样的情况下，涉及户政发展各个要素的相关文献大量产生，呈现出繁荣的景象。

“户政寓于保甲”是四川户政发展过程中的特殊形式。在川政统一后的一段时间里，国民政府将大多数精力投在了严密民众组织、彻底清查户口及完成剿匪清乡的工作当中，大力推行保甲制度。造成四川户政没有独立的专门机构，没有成体系的户籍制度，更没有户籍人员的培训体制。这一时期，保甲长群体负责办理保甲户口编查、户口异动登记等涉及户政的事务，使之成为与户政联系最深的人群。但是由于所承担事务异常烦琐，加之地位低下、待遇不高，一般公正人士不愿担任保甲长之职，而奸恶之徒又以之为鱼肉乡里的手段，致使保甲户口编查推行不顺。处于这样的大环境之中，户政依托保甲，谈不上在前代的基础上有什么突飞猛进的发展，能够顺利完成民国初期警察户口调查与户政司成立后的户籍行政之间的衔接和过渡已属不易。当然，也正是在这样特殊的时代语境之下，“户政寓于保甲”时期的文献才呈现出独有的特点。

首先，“户政寓于保甲”时期产生的直接关于户政文献的数量不多，想要洞悉这一特殊历史背景下户政开展的情况，需要参考当时的保甲制度及相关著述。前者多保存在档案之中，多为公文的附件，后者多见于期刊之中。在官方颁行的法规、条例中，笔者能收集到诸如《剿匪区内各县市编查保甲户口条例》《四川省各县编查保甲户口限期进度表》《整理川黔两省保甲方案》《四川省各县保长甄选任免暂行办法》等，这些文献大多只是从宏观上对保甲户口编查、保甲人员选用等方面做出了大致规定。

要对政令的具体落实情况窥之一二，更多地要借助于档案、期刊中更为基层的记录。档案文献中，虽有直接涉及户口调查的文献，但多是零散记录保甲推进过程中孤立事件的单篇文献，多数有呈请无批示、有指令无报告，虽都在讨论同一类型问题，内容上也有关联，文献与文献间却没有系统地衔接起来。而期刊文献反映了当时人们对于户口编查问题的一些基本见解，但这些文献多为对于已开展保甲编组的回顾与展望，提出观点、想法，且文献主要针对的内容还是保甲，户政相关问题仅占其中部分篇幅，因此，很难系统反映户政机构、人员、经费等户政工作的全貌及户政人员的管理理念。

其次，“户政寓于保甲”时期的文献内容有极强的政治主题导向。川政统一之后，国民政府在四川实施保甲的主要目的是“严密民众组织，彻底清查户口，增进自卫能力，完成清乡剿匪工作”，而在整编保甲同时需“清查户口籍贯，充实乡镇组织之内容，确立地方自治之基础”[①]。此风气规约着保甲整编、户口管理的管理思想主流，也直接影响了这一时期户政文献产生的走向，与新县制实行前的清乡剿匪，以及新县制开始后的地方自治两大主题有极深的关联。这一时期的文献，无论是档案还是期刊，关注的重点仍是保甲制度的推行与实施，涉及户政内容最多者，为保甲户口编查与人口数据。事实上，在户政这样一个庞大的行政系统中，人口调查只是其中一个方面，而户政机构的设置、户政人员的培训、户政经费的筹划等问题并没有纳入关注的热点，文献中涉及甚少。

再次，“户政寓于保甲”时期产生的户政文献，无论是通过档案记录，还是期刊刊载，在现存的文献中都很难发现户政管理

① 成都市档案馆，档号：38－2－68。

思想的系统论述。从前面考察的文献内容来看，要了解当时保甲编组、户口编查及户口异动的相关情况，仍只能从规章制度、编查方法、活动描述中着眼。“户政寓于保甲”时期少有户政管理理论方面的探讨，笔者分析，原因大约有二。一方面，从事保甲编组、户口编查的保甲人群文盲太多，个人文化素养普遍不高。加之平时工务繁杂，以致对保甲户口编查相关问题的交流不多。因此，期刊中刊载的大多只是对往期保甲办理情况的回顾，如稽祖佑的《一年来四川新政之推行》中对于保甲编查的反思，理论探讨性文章固然寥寥。另一方面，从档案文献来看，多由当时保甲整编过程中产生的文件转化而来，其形成目的还是解决保甲整编现实中产生的具体问题，所产生的多为工作经验、联络信息及事实描述，能升华为管理思想的内容在这一处显得更为沉寂。

当然，这并不是说时人对此根本未有思考。当时产生的户政期刊文献中，不乏一些户政管理思想的萌芽。例如：高孟先在《四川保甲之今昔》中对户口编查的思考，其分期进行的编查的意见，与 1942 年在四川省进行的选县户口普查中出现的某些做法不谋而合。然而，这类文献所反映的户政管理思想只停留在一个点上，并未形成完整的体系，无法像户政司成立后出现的户政管理思想那样对户政各方面都有系统的认识。因此，这一时期，即使出现户政管理思想的萌芽，其思想内容仍具有一定的时代局限，无法与尔后户政“现代化”时期的情况相提并论。

四川户政逐渐跳出保甲制度樊篱的阻弊，走上转型之路是在新县制实施以后。四川户政经历的转型期不长，却也是比较特殊的一个时期。一方面，从外部环境上看，这一时期处于抗日战争的相持阶段，国民政府开始实行新县制，保甲已被纳入自治组织之中。其间，国民政府对于保甲的关注似乎不如川政统一之后的几年强烈。另一方面，国民政府需要面对日本帝国主义的强大军事力量及因战争所带来巨大经济损失的双重压力，更需要以户政的实施为依据为诸大政的开展提供帮助。但此时的四川省户政系统并不发达，现代化户政的基本要素未能建设完备，从整体水平上来看，并未超越“户政寓于保甲”时期的基本态势。这样的背景下，在彭县、双流及崇宁三县举办的四川选县户口普查无疑是这一时期最具有启示意义的主题。围绕这一主题产生的文献质量颇高，使转型时期四川省户政的实际内涵得以突显。

四川省选县户口普查所产生的文献中，既有指导选县户口普查开展的制度性文件，如《四川省选县户口普查方案》，也有户政管理思想的系统论述，如《户口普查与四川选县户口普查》（叶楷）、《我国户籍行政之回顾与前瞻》（李廷梁）、《本省选县户口普查与整编保甲之联系》（吴澄之）。时人对户籍行政做有较为细致的记录，其记载和讲述的户政活动的实施方案与前一阶段相比发生了质的变化。这主要体现在对前代户政管理思想中的内容有所加强。例如，在户政与保甲的相互联系问题上，这一时期的观点认为，户口普查与整编保甲同时进行，运用户口普查的技术，用以严密保甲户口查编，同时利用固有保甲组织，综合编查户口的内容，以达到选县户口普查的目的。这一变化说明，随着时代的发展，同一户政问题也在不断地被充实。

“现代化”阶段是紧承转型期之后四川省户政发展的重要分期，也是国民政府时期四川省户政各项业务开展走向高潮的一个时期。受四川省户政各要素健全完善及外部环境的影响，这一时期所产生的户政文献呈现出繁荣的景象。归纳这一时期的户政文献特点有二。

第一，从目前四川省各级档案机构及重庆市档案馆所藏户政档案文献来看，“现代化”时期所产生的户政文献与“户政寓于保甲”时期及户政转型时期相比，户政档案文献不仅在数量上有所增加，内容更加丰富，而且档案实体保存情况也有所好转。从档案数量上来看，呈现出明显的上升趋势，其产生年代多集中在1942—1947年。这一时间段里，户政系统趋于完善，户口清查不断推行。从内容上来看，档案文献中记载的内容包含了机构设置、人员培训、业务推进等各个方面，类型较为齐全。“现代化”时期的四川省户政档案文献呈现出这一状况的原因是多方面的。这一时期，四川省作为抗战大后方，政治、经济环境相对稳定，四川省政府在省、市、县、乡镇各级户政子系统建设上的努力，构建了四川省户政由上至下较为严密的运行系统。制度、机构、人员等要素完备的基础上势必带动户政业务趋向繁荣。此外，国民政府在户政体系上不断改进，并逐渐完善各项户政规定、办法。这些无疑为“现代化”时期四川户政档案文献的大量产生奠定了基础。

户政系统的完善及其业务的大力推进直接导致对户政人员要求的提高。四川各级政府委任了大批户政人员，接受了不同层次的户政培训，这使在四川从事户政工作的主体范围得以扩大。省、县地方行政干部训练团内设有户政组，市政府设有户政干部训练班。这些专业性户政培训组织的设立是为了健全户政人员，学员毕业后相应调入各县、市、乡镇服务，他们无疑成为国民政府经略四川户政的主要力量，同时也对户政管理水平的提高起到了推动作用。经过系统培训的户籍管理人员替代保甲长成为户籍管理人群的主流。这些户籍人员多有中学以上学历或有管理户政的相关经验，知识层次及个体素质与以往相比已有了质的变化。多数人虽未将大部分时间用来著书立说，但通过提交工作报告、设置通信辅导员等方式，分享工作经验与感想，探讨执行职务所遇到的疑难问题，激起了一股热衷于户政问题的风气。一时间，针对户政制度及户政有关事项的建议及户政专题研究等方面的文献大量涌现。

从户政期刊文献的角度来看，这一时期由中央至地方创办的刊载户政问题的刊物发展很快，既有研究户政问题的专门刊物，又有地方民政部门创办的民政类刊物。前者如内政部创办的《户政导报》，后者如四川省民政厅创办的《县政》，都颇有代表性。这为“现代化”时期四川户政文献的大量产生提供了另一个传播平台。

第二，四川省户政进入“现代化”时期，围绕户政活动的开展出现了许多制度性的文献。这一时期，国民政府更加注重户政相关制度的颁发与修订，这些制度、规定、办法，虽然在户政文献的总数上不占多大比重，却是当时户政发展的指导性依据，几乎针对每类户政问题都有相应规定，如针对机构设置的《省市各级户政机构充实办法》及《调整各市户政机构原则》，指导户政人员培训的《各省市户政人员训练暂行办法》及筹备户口普查时的《户口普查法》等。除了全国性的户政制度，四川各级政府也都致力于制定和改进适合本地的户政制度，以适应四川户政发展的实际，反映出当时四川省各级政府强化户政功能的急迫心理。这一时期产生的户政制度及规范所涉面广，也更为具体细致。《四川省各县设置户籍行政人员办法》《四川省各县（市局）政府健全户政机构办法》《四川省政府调训各县市户政干部人员实施计划》等制度类文献的相继诞生，初步形成了具有四川特色的户政制度和规范。这些制度和规范从很大程度上规约着这一时期四川户政水平可能达到的程度。在约束规范四川户政发展方向的同时，也起到了宣传四川户政的作用。这些制度性文献无论是以档案的形式存在或是刊载于期刊之中，由于是普发性质，因此，基本上都能够完整地留存至今，在四川境内各级档案馆、第二历史档案馆，甚至是全国其他地区档案机构中都有存留。需要指出的是，要全面了解这些制度性文献与当时户政的互动关系，还需要从档案馆馆藏入手。档案馆中保存的这些文献，多是以附件的形式附着于某份公文之中，这些公文文种不一，或是训令，或是供电。但在内容上多指出了发出这些制度性文献的背景，以及根据该制度或规范，户政执行的效果能够达到何种程度的要求。因此，四川省各级档案馆所藏的这一时期的制度性文献是当前研究四川户政问题必所参照的材料，有着极大的学术研究价值。

二、史料价值

作为特定时期的行政活动的产物，户政文献不可避免地带有时代的烙印。它与国民政府时期的政治、经济、文化等方面的发展密切相关，并且有关的政策法规也或多或少地在其中有所反映，因而具有一定的史料价值。户政文献对我们研究文献学、专门史、近代区域史及地方史等有着十分重要的作用。

在有关国民政府时期的四川户政文献之中，引起笔者关注的重点是档案与期刊两类文献。就档案而言，绝大多数是由当时办理户政活动所产生的公文直接转化而来，其中部分档案中还留有当时户政办理人员手写的批注、说明。这些公文在转化为档案后，又很少受到当时或后人的有意改造，因而更多地保存了历史的真实。另外，户政档案文献中所载之内容十分博杂，很多是直接反映户政指令、计划、方案等在基层执行情况的细节，这是其他类文献中所没有的，可补文献史料之缺。档案文献在考校释读其他有关户政的文献方面发挥了重要的作用，可为考证其他有关四川省户政史料的年代及真伪，书、报、杂志的讹脱，释读文献文义提供可靠的依据。实际上，在近代史的研究中，利用档案文献校考其他类别的文献是一种非常重要的形式。从期刊方面来看，刊载户政问题的刊物，多为官办，其主办单位，中央政府如内政部，地方政府如四川省民政厅，都颇具有代表性。其中作者不乏户政一线的管理人员，可以使我们理解当时官方对于户政问题的基本态度。因为户政发展呈现出的阶段性特征，时人对四川户政的认识处于动态的演进之中，户政研究者可以从这些户政期刊文献所透露出来的信息，研究国民政府时期四川省户政在不同阶段的风貌及时人对于户政问题的价值取向。

从另一个层面来讲，我们利用户政文献，更主要是通过这些文献对国民政府时期四川户政问题的各个方面做更加深入的研究。利用这些文献，使我们的研究水平达到新的高度和深度。

第一，通过户政文献，可以窥知四川户政的发展与时代背景、社会环境的联系。国民政府时期四川产生的户政文献，一方面记录了四川户政按其自身发展轨迹演进所呈现的阶段性特征，以及在不同发展阶段所涉及的具体问题。另一方面，户政文献也与当时国民政府面临的时代课题及国民政府统治面临的危机密切相关。无论是档案还是期刊，都记载了大量官方意识形态的内容。从文献中可以看出，四川户政的发展必然要适应当前的社会、政治需要，为国民政府当时所面临的时代课题服务。自1935年川政统一至四川户政走上“现代化”的道路，四川户政的发展面临着强化统治和自身建设的双重任务：一方面，统治者需要以户政为依据，加强四川的社会治安能力。另一方面，要将户政作为维系社会发展的纽带加以强化。川政统一之后，国民政府面临的挑战，有来自外部的，也有源于内部的。对于第一项任务的解决，国民政府经略四川户政的开端是从总结历史经验开始的，采用的方式是直接继承前代统治者对基层管理的手段。川政统一之初便在四川推行保甲，户政寓于保甲之中，用以“清乡剿匪”“防共反共”，从而也拉开了四川户政全面发展的帷幕。实施新县制之后，四川户政也逐步开展了其自身的建设，以确保户政功能的拓展。四川户政的建设在两个方面表现十分显著，一是户政机构的设置，为四川户政的发展构建了平台。二是户政人员的健全，为户政业务的开展提供了人力支持。整个户政系统的建设完成，使四川的户政形成了风气。依托保甲开始的四川省户政全面展开，并逐步走向发展的高峰。

第二，通过户政文献，可以了解户政与保甲的微妙关系，以及户政的社会治安能力。户政与保甲的紧密结合可以说是国民政府时期四川省户政的重要特征之一。从文献上看，1935 年之前的四川省户籍行政由于军阀混战，可谓支离破碎，混乱不堪。随着以“反共防共”为目的的保甲制度在四川的推广，户政系统也相应依托保甲逐步建立起来。四川省户政初始的开展主要表现为办理保甲户口编查，对于户籍及人事登记涉及甚少，户政业务几乎被保甲编组所代替。20 世纪 40 年代初，户政与保甲的联系更加紧密，特别是在四川省选县户口普查开始之后，户政与保甲作为两个独立的系统，很多时候也是在同时进行。

就户政本身来讲，其内容一般涉及户籍管理和人口登记，目的是取得确实的人口数据，和治安方面并没有直接的联系。但是在国民政府时期，办理人口登记对国民政府在四川地区的专制统治及社会治安的稳定有着十分重要的意义。特别是 1935 年，保甲制度正式在四川推广，户政也被赋予了强烈的基层社会治安职能。整个四川省 18 个行政督察专区，所有市、县、乡镇中，各个单位、各种身份地位的人群都要被编列其中，形成一个遍布四川各地、各行业、各种职业者的联系网络，这一网络通过联保连坐的方式得以聚合，便于进行严密监控，实施匪患之警戒、通报、搜查等事项，“保长、甲长知户口有异动，或接受保、甲内户长或住民之通知时，除由甲长速报保长转区长外……并为先为搜索、逮捕之紧急处分”[①]。抗战全面爆发后，一致对外抗击日本侵略者成为民众的自觉意识，在某种意义上，户籍行政也就以其强大社会治安能力，成为国民政府“反共防共”、巩固政权的重要依据和手段。

国民政府时期四川户政在推进上与保甲相结合，从全国范围来看不无典型意义。因此，对四川户政文献做深入系统的研究，不仅可以对国民政府时期整个户政体系的研究起到特别重要的作用，而且可以说是解剖国民政府时期基层社会管理的重要突破口。通过对国民政府时期四川户政的研究，总结其经验教训，可为当今的基层政权和基层组织建设提供一定的历史借鉴，以完善基层社会民主管理制度。

第三，通过户政文献，可以进一步加深对户政相关制度、规范的探讨。户政制度是户政文献中的重要内容，涉及户政活动的方方面面，在四川户政的发展过程中具有不可替代的作用。国民政府时期，户政制度已经演变成为一套复杂而系统的社会制度体系，为户政活动提供了规则和标准。考察四川户政相关制度的渊源演变、分析其形成和演进过程，可以使我们获悉户政制度对四川户政变迁的制约和引导，理解户政制度和户政体系的互动关系。此外，对户政制度的研究也具有十分重要的现实意义。在现实社会中，户政已经深入人们日常生活的方方面面，如国家资源的分配、人们的衣食住行，或多或少都会受到其制约和影响。因此，将国民政府时期的各种户政制度作为个案进行考察，不仅可以了解这一行政制度在特定时期的社会生活中的影响和作用，而且可以为我国户籍制度的调整和改革提供借鉴和参照。

---

① 公安部户政管理局编：《清朝末期至中华民国户籍管理法规》，北京：群众出版社，1996年，第214页。

参考文献

一、档案

[1] 四川省档案馆，全宗号：005、民 054、民 044、建川 031

[2] 成都市档案馆，全宗号：0038、0092、0093

[3] 重庆市档案馆，全宗号：0013、0053、0057、0061、0081

[4] 江津档案馆，全宗号：县政府 980

[5] 新津档案馆，全宗号：1938

[6] 重庆渝北区档案馆，全宗号：03

二、民国报刊

[1]《户政导报》

[2]《户政月刊》

[3]《保甲训练》

[4]《北碚月刊》

[5]《四川省政府公报》

[6]《四川统计》

[7]《四川统计月刊》

[8]《县政》

[9]《县训》

[10]《重庆市政府公报》

[11]《成都市政府公报》

[12]《成都市政府周报》

[13]《江北县县政公报》

[14]《双流县政周刊》

[15]《新都实验县县政月报》

三、期刊论文

[1] 次行. 关于我国人口之调查研究 [J]. 东方杂志, 1924, 21。

[2] 陈方之. 我国人口统计数字之商榷 [J]. 东方杂志, 1931, 28。

[3] 二十一军之团款三年计划 [J]. 四川月报, 1932, 2 (5).

[4] 各县户口调查 [J]. 四川月报, 1932, 1 (3).

[5] 王仲武. 我国户口调查方案之商榷 [J]. 东方杂志, 1934, 31.

[6] 先培. 四川县政之今昔观 [J]. 新县政研究, 1936.

[7] 高孟先. 四川保甲之今昔 [J]. 北碚月刊, 1937, 1 (8).

[8] 张纯明. 现行保甲制度之检讨 [J]. 行政研究, 1937, 2 (3).

[9] 稽祖佑. 一年来四川新政之推行 [J]. 北碚月刊, 1937, 1 (6).

[10] 四川省政府施政情形总报告 [J]. 新四川月刊, 1939, 1 (4).

[11] 叶楷. 户口普查与四川省选县户口普查 [J]. 四川省政府民政厅主办县政, 1942, 1 (6).

[12] 吴澄之, 记. 民政厅长胡次威在四川省选县户口普查省讲习会开幕式演讲词 [J]. 县政, 1942, 1 (6).

[13] 吴澄之, 记. 国民政府陈主计长对参加四川省选县户口普查省讲习会人员训词 [J]. 县政, 1942, 1 (6).

[14] 国民政府主计处朱副局长君毅在四川省选县户口普查省讲习会闭幕式讲演词 [J]. 县政, 1942, 1 (6).

[15] 彭梓成. 部颁县保甲户口编查办法与四川省各县整编保甲清查户口实施办法的比较观 [J]. 县政, 1942, 1 (6).

[16] 吴澄之. 本省选县户口普查与保甲之联系 [J]. 县政, 1942, 1 (6).
[17] 吴顾毓. 现行户政制度述要 [J]. 县政, 1942, 1 (10).
[18] 纪中愉. 参加此次选县户口普查工作的检讨 [J]. 县政, 1942, 1 (6).
[19] 民政统计简册 [J]. 县政, 1943, 2 (4).
[20] 胡次威. 四川实施新县制成绩总检讨 [J]. 县政, 1943, 2 (1).
[21] 包惠僧. 川康户政督导会议补充报告 [J]. 户政导报, 1945 (1).
[22] 胡次威. 四川民政 [J]. 县政, 1945, 4 (2).
[23] 各省实施新县制推行地方自治成绩概况 [J]. 国民政府公报, 1945.
[24] 徐中齐. 四川省会警察局户政工作报告 [J]. 县政, 1945, 4 (11-12).
[25] 彭善承. 华阳县户政工作报告 [J]. 县政, 第四卷, 1945, 4 (11-12).
[26] 张良珍. 如何办理户口查记 [J]. 户政导报, 1945 (1).
[27] 张厉生. 发刊词 [J]. 户政导报, 1945 年创刊号.
[28] 三十五年度户政工作总检讨 [J]. 户政导报, 1946 (3).
[29] 赵章辅. 我国举办户口普查问题 [J]. 东方杂志, 1946, 42 (1).
[30] 各省市各级户政机构一览 [J]. 户政导报, 1947 (1).
[31] 包惠僧. 1947 年内政部筹办全国户口普查的一组史料 (上) [J]. 民国档案, 1992 (4).
[32] 刘鼎铭. 国民政府筹办全国户口普查经过述略 [J]. 民国档案, 1993 (1).

［33］米红，李树茁，胡平，等．清末民初的两次户口人口调查［J］．历史研究，1997（1）．
［34］乔晓春．中国人口调查与人口普查历史研究［J］．南方人口，1997（2）．
［35］邓正兵．略论民国的户政［J］．淮北煤师院学报，1998（1）．
［36］中国第二历史档案馆．1947 年内政部筹办全国户口普查的一组史料（上）［J］．民国档案，1992（4）．
［37］中国第二历史档案馆．1947 年内政部筹办全国户口普查的一组史料（下）［J］．民国档案，1993（1）．
［38］黄贵苏．略析国民政府时期文书制度的因袭性［J］．档案学通讯，1995（1）．
［39］朱德新．民国保甲制度研究述评［J］．安徽史学，1996（1）．
［40］王云骏．民国保甲制度兴起的历史考察［J］．江海学刊，1997（2）．
［41］范国权．论新县制时期的保甲制度［J］．档案与史学，1999（2）．
［42］冉绵惠．民国时期的四川保甲制度［J］．文史杂志，1999（5）．
［43］王友平．四川军阀割据中防区制的特点［J］．天府新论，1999（2）．
［44］米红，蒋正华．民国人口统计调查和资料的研究与评价［J］．人口研究，1996，20（2）．
［45］冉绵惠．民国时期保甲制度在四川推行的历史概况［J］．西南民族学院学报（哲学社会科学版），2001（11）．
［46］曹成建．20 世纪 40 年代新县制下重庆地方自治的推行及其成效［J］．中国现代史，2001（6）．
［47］唐润明．重庆市档案馆馆藏民国档案概况［J］．民国档案，2005（1）．

[48] 沈成飞. 试论抗战时期广东国统区户政之推进——兼论其对国民党保甲制推行的影响 [J]. 学术研究, 2009 (5).
[49] 李涛. 解读民国公文 [J]. 云南档案, 2009 (10).

四、专著

[1] 黎世蘅. 历代户口通 [M]. 上海世界书局, 1922.
[2] 胡汉民. 训政时期调查户口之意见 [M]. 民智书局, 1927.
[3] 郎擎宵. 保甲运动之理论与实际 [M]. 大东书局, 1930.
[4] 闻钧天. 中国保甲制度 [M]. 商务印书馆, 1935.
[5] 孔雪雄. 中国今日之农村运动 [M]. 上海中山文化教育馆, 1934.
[6] 苏崇礼. 户籍统计 [M]. 商务印书馆, 1934.
[7] 黄强. 中国保甲实验新编 [M]. 正中书局, 1935.
[8] 冷隽. 地方自治述要 [M]. 南京正中书局, 1935.
[9] 吕咸. 保甲述要 [M]. 江西省县政人员训练所, 1935.
[10] 方申, 李国维, 鲍先德, 等. 新县政研究 [M]. 上海汗血书店, 1936.
[11] 屠仲翰. 户籍警察行政 [M]. 大公出版社, 1936.
[12] 程愚型. 现行保甲制度 [M]. 中华书局, 1936.
[13] 董修甲. 中国地方自治问题 [M]. 上海商务印书馆, 1937.
[14] 陈柏心. 中国的地方制度及其改革 [M]. 广西建设研究会, 1939.
[15] 李柳溪. 户籍行政 [M]. 江西省地方行政干部训练团, 1940.
[16] 西北研究社. 保甲制度研究 [M]. 西北研究社, 1941.
[17] 江西省地方行政干部训练团. 保甲干部人员须知材料 [M]. 1941.

[18] 周颐毓. 县单位户籍办法概要 [M]. 地方行政研究所, 1941.

[19] 江西省地方行政干部训练团. 保甲概要 [M]. 1941.

[20] 李宗黄. 地方自治之理论与实际 [M]. 南京正中书局, 1941.

[21] 内政部. 内政法规汇编 [M]. 1942.

[22] 李宗黄. 现行保甲制度 [M]. 中华书局, 1943.

[23] 周祥光. 中国户口行政 [M]. 商务印书馆, 1943.

[24] 内政部, 编. 总理对地方自治遗教辑要 [M]. 商务印书馆印行, 1944.

[25] 内政部, 编. 户籍行政须知 [M]. 商务印书馆, 1944.

[26] 陈芝云. 户籍法详解 [M]. 内政部, 1946.

[27] 陈迈之. 中国政府 [M]. 商务印书馆, 1946.

[28] 周中一. 现行户籍行政制度 [M]. 内政部, 1946.

[29] 张廷荣. 警察与户口 [M]. 大名印书馆, 1947.

[30] 内政部, 编. 中华民国行政区域简表 [M]. 11 版. 商务印书馆, 1947.

[31] 胡次威. 乡自治提要 [M]. 大东书局, 1947.

[32] 胡次威. 地方自治实施方案法规汇编 (上册) [M]. 大东书局, 1948.

[33] 陈之谟. 中国户口统计之研究 [M]. 立法院统计处, 出版时间不详.

[34] 朱祖晦. 人口统计新论 [M]. 中华统计学社, 出版时间不详.

[35] 宋博能. 县民政概论 [M]. 战地图书出版社, 出版时间不详.

[36] 中央警官学校第二分校. 户籍警察讲义 [M]. 出版时间

不详.
[37] 中央警官学校编审处. 户籍警察 [M]. 出版时间不详.
[38] 中国国民党中央委员会党史委员会，编. 革命文献第七十一辑 [M]. 1977.
[39] 梁方仲. 中国历代户口田地田赋统计 [M]. 上海人民出版社，1980.
[40] 周礼正义（第3册）[M]. 中华书局，1987.
[41] 李成瑞. 中国人口普查和结果分析 [M]. 中国财政经济出版社，1987.
[42] 李世平. 四川人口 [M]. 四川大学出版社，1987.
[43] 黄存勋，刘文杰，雷荣广. 档案文献学 [M]. 四川大学出版社，1989.
[44] 中国第二历史档案馆. 民国时期文书工作和档案工作汇编 [M]. 档案出版社，1987.
[45] 张在普. 中国近现代政区沿革表 [M]. 福建地图出版社，1987.
[46] 赵文林，谢淑君. 中国人口史 [M]. 人民出版社，1988.
[47] 何炳棣，葛剑雄. 1368—1953年中国人口研究·序 [M]. 上海古籍出版社，1989.
[48] 葛剑雄. 中国人口发展史 [M]. 福建人民出版社，1991.
[49] 徐矛. 中华民国政治制度史 [M]. 上海人民出版社，1992.
[50] 敖文蔚. 中国近现代社会与民政（1906—1949）[M]. 武汉大学出版社，1992.
[51] 李世平，程贤敏. 近代四川人口 [M]. 成都出版社，1993.
[52] 费正清. 剑桥中华民国史 [M]. 中国社会科学出版社，1993.
[53] 姜涛. 近代人口史 [M]. 浙江人民出版社，1993.

[54] 四川省文史研究馆，四川省人民政府参事室. 四川大事记［M］. 四川人民出版社，1993.
[55] 李侃. 中国近代史［M］. 中华书局，1994.
[56] 杨子慧. 中国历代人口统计资料研究［M］. 改革出版社，1996.
[57] 公安部户政管理局. 清朝末期至中华民国户籍管理法规［M］. 群众出版社，1996.
[58] 王太元. 户政与人口管理理论研究综述［M］. 群众出版社，1997.
[59] 中国第二历史档案馆，编. 中华民国史档案资料汇编. 第五辑第二编·政治（一）［M］. 江苏古籍出版社，1998.
[60] 中国第二历史档案馆，编. 中华民国史档案资料汇编. 第五辑第三编·政治（一）［M］. 江苏古籍出版社，1998.
[61] 侯杨方. 中国人口史：（1910—1953 年）［M］. 复旦大学出版社，2001.
[62] 葛剑雄. 中国人口史［M］. 复旦大学出版社，2001.
[63] 冯惠玲，张辑哲. 档案学概论［M］. 中国人民大学出版社，2001.
[64] 曹树基. 中国人口史：（清时期）卷五［M］. 复旦大学出版社，2001.
[65] 张善余. 中国人口地理［M］. 科学出版社，2003.
[66] 冉绵惠，李慧宇. 民国时期保甲制度研究［M］. 四川大学出版社，2005.
[67] 王威海. 中国户籍制度——历史与政治的分析［M］. 上海文化出版社，2005.
[68] 路遇，滕则之. 中国分省区历史人口考（上、下）［M］. 山东人民出版社，2006.